조선사 편의 전쟁

어디에서도 볼 수 없던 조선인의 돈을 향한 고군분투기

조선사

이한 지음

錢

쩐

의

전쟁

일러두기

1. 주석의 단어 뜻은 《표준국어대사전》에서 인용하였다.
2. 이 책에 실린 한강 지도는 조선 시대의 지도를 참고하였다. 과거와 현재의 지류가 다르기 때
   문에 한강의 모습이나 특정 지역의 위치가 현재와 다를 수 있다.

우리가
처음 만나는
조선판 쩐의 전쟁

유교의 나라 조선이 최고의 성인으로 모셨던 공자는 이런 말씀
을 했다.

> 이익에 의거하여 행하면 원망이 많다.
> 子曰, 放於利而行 多怨 (자왈, 방어리이행 다원)
>
> 《논어》, 〈이인〉 편 12장 중에서

자신의 이익만을 생각하며 행동하고 살면 원망이 쌓이고 원한
도 많아진다는 뜻이다. 재물 하나만을 좇으며 사는 범인들의 행동
을 꼬집는 말이다.

또한, 장자 역시 이런 말씀을 남겼다.

형제는 수족과 같고 부부는 의복과 같다. 의복이 해졌을 경우 다
시 새것을 얻을 수 있으나, 수족이 끊어지면 잇기가 어렵다.
莊子曰, 兄弟爲手足 夫婦爲衣服 (장자왈, 형제위수족 부부위의복)
衣服破時 更得新 手足斷處 難可續 (의복파시 갱득신 수족단처 난가속)

《명심보감》, 〈안의〉 편 중에서

　천명으로 이어진, 다시 말해 피가 이어진 형제지간의 중요함을
강조한 말이다. 이렇게 혈연관계는 중요하므로 그 어떤 일에도 수
족을 끊는 일을 만들어서는 안 된다는 뜻이기도 하다. 그렇다면
조선인들은 이런 성인들의 말을 다른 유교의 교리처럼 철저하게
따르고 지켰을까? 그럴 리가!
　온갖 사료에서 건져 올린 조선인의 여러 사연은 현대와 크게 다
르지 않았다. 돈 앞에서는 양반도 상놈도 없고, 형제자매나 부모
자식도 안중에 없는 사연도 수두룩했다는 말이다. 모르긴 몰라도
지금처럼 의식주가 풍족하지도 않았고 신분제까지 존재하던 시
대였기에 더욱 그랬을 것이다. 마키아벨리도 그런 말을 했지 않은
가? "부모를 죽인 원수는 금방 잊어도 자기 재산을 앗아간 원수는
죽어서도 갚는다"라고.
　원래 있는 놈이 더하다고, 더 부유하고 높은 신분이 자기보다

가난하고 낮은 신분을 약탈하고 착취하는 일 역시 비일비재했다. 양반들은 주인에게 돈을 바치는 기상記上이라는 제도를 이용해 돈 많은 노비가 울며 겨자 먹기로 바치는 돈을 당당하게 갈취했고, 세금 비리가 심하던 때는 죽은 사람의 백골에도 세금을 매기고 갓 태어난 아기에게까지 세금을 매기며 백성을 수탈하곤 했다. 그럼 민초들은 그대로 짓밟히기만 하고, 참고 또 참으며 숨죽이고 살았을까? 슬슬 감이 오겠지만, 절대로 당하고만 살지는 않았다.

미리 살짝 이야기해 두자면, 우리 조상들은 남녀노소와 신분을 막론하고 소송에 열을 올렸다. 노비라 해도, 여성이라 해도 억울함을 호소할 수 있었기 때문이다. 이는 중국이나 일본 등 아시아의 그 어떤 나라도 감히 흉내 내지 못할 정도였다.

수많은 조선 사람이 관아의 문턱이 닳도록 드나들며 소송을 벌였고, 그 결과는 마찬가지로 수많은 고문서에 고스란히 남았다. 비록 모든 사건이 공명정대하게 해결되지는 않았지만, 그래도 위로는 양반에서부터 아래로는 천민까지 누구든 고소장을 들고 내 재산 돌려 달라고 외칠 수 있는 나름 평등한(?) 제도였다.

우리는 이제부터 돈을 두고 벌어진 기상천외하고도 때로는 경박하기도 한 '쩐의 전쟁'을 만나보려 한다.

| 수령을 고소해 승소한 관기 곤생의 이야기 |

그전에 잠시, 조선이 얼마나 소송에 열린 나라였는지 알 수 있는 사연을 하나 소개하겠다.

숙종 31년이던 1705년, 제주도의 기생 곤생崑生이 바다를 건너 전라도로 향했다. 제주도 목사였던 이희태李喜泰가 그의 세 딸을 모두 죽였기 때문이다. 자식 하나만 죽어도 참혹한 일이거늘, 셋이 한꺼번에 죽다니 하늘이 무너지는 비극이었을 것이다.

이 가족의 비극은 이희태가 제주도에 부임하며 자기의 첩과 조카를 데려간 데서 시작했다. 사실 조카는 첩의 전 남편의 아들이었고, 이희태는 이 사실을 숨기려 했다. 그러나 얼마 지나지 않아 소문이 퍼져 나가기 시작했고, 그 원인이 곤생의 딸들 때문이라고 생각한 이희태는 그들에게 원한을 품었다. 그래서 누명을 씌운 다음 매일같이 혹독하게 매를 쳐서 죽여 버렸다. '고작 그런 이유로 사람을 셋이나 죽인단 말인가?' 하는 생각이 들지만, 정말 그런 일이 벌어졌었다.

곤생의 세 딸들은 죽어 가는 와중에도 억울하다고 부르짖었고, 제주도의 다른 수령들도 이 사건을 찜찜하게 여겨 서류에 서계(사인)하지 않았다. 이희태는 사건을 위조해서 상부에 보고했고, 그렇게 이 사건은 묻히는 듯했다. 그러나 세 딸을 모두 잃고 가만히 있을 수 없던 곤생은 배에 몸을 싣고 전라도로 향했다. 당시의 항해는 안전하지 않기도 했지만, 천민이자 관기였을 곤생은 제주 지역 관아 소속이었으므로 함부로 관내를 벗어날 수 없기도 하였다. 그 럼에도 서슴없이 배를 탄 이유는 단 하나, 그가 어머니였기 때문 일 것이다.

어렵사리 전주에 도착한 곤생은 북을 치며 세 딸의 원통함을 호 소했다. 당시 전주 관찰사였던 서문유徐文裕가 그의 고소문을 한 양으로 올려 보냈고, 마침내 임금에게까지 올라갔다. 하지만 곤생 은 고작 기생이었고 이희태는 정부의 고관이었다. 그래서 우의정 이유李濡와 예조판서 윤세기尹世紀는 오히려 양반을 고소한 곤생 을 처벌해야 한다고 주장했다.

"절도絶島의 어리석은 백성이 체통을 모르고서 문득 고소할 생각

을 하였으니, 그 해독은 더욱 말할 수 없는 것입니다."

그러나 여인이 죽은 딸 셋을 위해 바다를 건넌 일은 숙종의 관 심을 끌었고, 그게 아니더라도 사람이 셋이나 죽은 일은 당시에도 몹시 무참한 일이었다. 왕으로부터 사건을 자세히 조사하라는 명 이 내려지자 후임 제주목사 송정규宋廷奎는 이 사건을 철저하게 조사했고, 마침내 이희태가 화풀이로 곤생의 세 딸을 고문해 죽인 정황을 밝혀냈다. 이를 보고받은 숙종은 절절하게 한탄했다.

"사람 목숨이 귀중한데 어떻게 이렇게 사람을 죽일 수 있느냐?
어떻게 개인적인 감정만으로 사람을 죽일 수 있느냐?"

게다가 숙종은 다른 신하들이 같은 양반이랍시고 이희태의 편을 들어 준 것까지 똑똑하게 기억하여 지적했다. 이런 사람을 크게 벌하지 않으면 또 죄 없는 사람들을 함부로 죽일 테니 즉시 잡아와 엄하게 국문하라고 명령했다. 이희태는 몇 번의 심문을 받고 난 뒤 겨우 죄를 인정했다. 물론 매우 엄청난 스케일의 정의가 구현되지는 않았다. 여전히 이희태는 양반이고 곤생과 딸들은 관기, 다시 말해 천민이었기 때문이다. 그래서 보통 살인죄보다는 좀 낮은 기준이 적용되어 변경으로 귀양을 가는 데 그쳤다.

목숨 셋이 없어졌는데 고작 처벌이 그것뿐이냐고 생각할 수도 있겠다. 그래도 제주도의 하찮은 천민이 고립된 섬 안에서 무소불위의 권력을 부리던 제주감사이자 양반을 고소하고 마침내는 처벌까지 받게 했다는 것이 이 사건이 남긴 중요한 의의라고 할 수 있다. 《조선왕조실록朝鮮王朝實錄》의 사관은 이 사건의 끝에 다음과 같은 한 줄 소회를 남겼다.

"필부匹婦의 억울한 것이 조금 풀릴 수 있었다."

| 누구에게나 열려 있던 소송의 길 |

조선 후기에 이 땅을 찾아왔던 서양인들의 눈에는 놋 쟁반과 놋 밥그릇을 두들기며 억울함을 외치는 조선 사람의 모습이 이상하게 보였겠지만, 그건 조선의 일상이었다. 물론 모든 소송이 앞서 예로 들은 곤생의 경우처럼 처절했던 것은 아니었고, 실제로는 훨씬 사소하고 하찮은 일도 많았다. 그러나 뭐니뭐니 해도 가장 활발하고, 그 수가 많았던 일은 역시 돈과 관련된 일이었다.

고문서들을 보면 "저 사람이 내 땅을 빼앗아 갔어요", "쟤가 내 돈 빌려갔는데 안 갚아요", "소를 빌려 줬는데 안 돌려준대요!", "저 노비가 소작료를 내지 않소!"와 같이 재산에 관한 내용들이 대부분이다. 처음에 말한 것처럼 돈 앞에서는 현대와 크게 다르지 않은 모양새임을 알 수 있다.

이 책 안에는 조선인의 돈을 향한 다양한 고군분투기를 담았다. 1장은 조선에서는 주로 어떤 사건사고가 일어났는지, 또 당시에는 어떤 것들이 재산이 되었는지 현대와는 꽤 색다른 이야기들을 만날 수 있다.

2장과 3장에서는 돈 앞에 피도 눈물도 없던 형제간, 그리고 친척 간의 물고 물리는 재산 다툼을 만날 수 있다. 그 처절한 전쟁을 보고 있자면 아마 현대판 재벌 막장 드라마는 저리 가라는 생각이 들지도 모르겠다.

4장에는 이웃 간의 재산 다툼을 담았다. 여인들의 집안 재산을 모으고 불리고 굴리는 비법부터 노비의 사유재산이 인정되던 시대의 부자 노비와 거지 양반의 소송기까지 어디서도 보지 못했을 조선의 면면을 담았다.

5장은 사람도 물건처럼 재산이 되던 시대의 조금은 암울한 이야기를 담았다. 어쩔 수 없는 신분제의 굴레를 넘어 자신의 삶, 가족, 재산을 지키려 애쓴 분투기를 엮었다.

6장에서는 부당한 세금과의 전쟁을 이야기한다. 백골에도 세금을 거두던 악독한 양반들의 이야기부터 자신의 이권을 지키기 위해 쉴 새 없이 관아를 드나들던 상인들의 사연까지 모두 모았다.

이뿐만이 아니라 대부분 돈과 관련한 분쟁이 생기면 쪼르르 관아로 소장을 들고 달려갔기에, 조선 시대의 소송 기술을 엿볼 수 있는 〈조선소송실록〉을 부록으로 실었다. 분쟁이 생겼을 때 주저앉아 우는 것이 아니라, 적극적이고 씩씩하게 이를 타계하기 위해 노력한 조선인들의 모습을 보며 우리가 가지고 있던 편견을 한 꺼풀 벗겨 낼 수 있게 될 것이다.

이러한 고소 천태만상을 보면 한심해 보일 수도 있겠지만, 그래도 어쨌거나 불공평한 세상을 향해 "나는 억울하다!"고 외쳐 볼 수 있는 시대였다는 점은 분명 중요한 사실이다. 사실 이 모든 것이 세종대왕이 발명한 한글 덕분이 컸으니, 다시 한번 세종대왕의 위대함을 가슴에 되새겨 보게 된다.

이 책을 통해 많은 사람이 조선에 대해 가지고 있던 편견을 털어 내기를 바란다. 또한, 밟는다고 가만히 밟히고만 살지 않았던 조선인들의 통쾌한 투쟁기를 지켜보며 덩달아 현대사회의 다양한 시련들을 헤쳐 나갈 힘을 얻게 되길 바란다.

이 한

돈에 살고
돈에 죽는
지극히 인간적인
조선과의 만남

전쟁의 서막

선비의 나라에서
벌어진
진흙탕 돈 싸움

전 세계 대부분 나라는 사법체계를 갖추고 있고, 법원이 있으며, 판사를 포함하여 검사나 변호사 등 전문 인력이 존재한다. 이 법원 안에서 가지각색 다양한 소송이 벌어지고, 때로는 그게 남의 일만이 아니게 될 때도 있다. 한평생 소송에 휘말리지 않고 평온한 삶을 살 수 있다면 참으로 좋겠지만, 그게 어디 사람 맘대로 되던가?

조선 시대 사람들도 마찬가지였다. 조선 시대의 송사訟事는 지금의 '소송, 청원, 민원, 진정'이 모두 뒤섞인 것이었지만. 어쨌든 사람들의 소망을 반영한다는 점에서는 다를 것이 없다. 조선의 백성들은 도저히 풀리지 않는 곤란한 문제가 있거나, 억울한 사정이 생겼거나, 다툼이 발생하면 적극적으로 관아를 찾아 중재 및 해결을 요청했다. 이유는 단 하나다. 신분 및 성별을 막론하고 누구나 소지所志♦, 다시 말해 '소장'을 올릴 수 있었기 때문이다.

소송전은 조선 후기로 갈수록 훨씬 많아졌다. 《경국대전經國大典》을 시작으로 《대전속록大典續錄》, 《속대전續大典》 등 조선 시대의 법전이 후기로 갈수록 형전刑典♦♦ 항목에서 송사 관련 내용들이 점점 많아지고 자세해진 걸 보면 알 수 있다. 사회가 점점 발전하면서 사람의 욕구가 더욱 다양해지고 충돌도 많아졌기 때문인데, 이 때문에 다툼의 여지가 많아졌고 송사 또한 많아진 것이다. 특히 눈에 띄는 것은 위조서류에 관한 처벌이 새로 만들어진 것인데, 그만큼 가짜 서류가 많아진 현상을 대변한다. 실제로 실록 등을 통해 관청의 도장인 관인官印 뿐만 아니라, 왕의 도장인 어보御寶를 위조한 게 발각되어 사형당한 사람들의 기록을 곧잘 찾아볼 수 있다.

아무튼, 조선 시대 행정의 가장 중요한 업무는 바로 백성의 송사를 처리하는 일이었다. "원님 재판하듯이"라는 말이 있는데, 이는 엉망진창 대충 일한다는 뜻이다. 조선 시대에는 최하위 지방행정구역 단위인 '현縣'의 행정관 '현감(원님)'이 그 지역의 백성들을 다스리는 것은 물론, 재판까지도 도맡았다. 하지만 대부분 원님은

♦ 예전에, 청원이 있을 때에 관아에 내던 서면.
♦♦ 육전(六典) 가운데 형조의 소관 사항을 규정한 법전.

과거시험에 합격했을 뿐이라 법전까지 빠삭하지는 않았다. 앞에서 말한 비유는 원님이 재판을 건성으로 처리했다는 뜻이긴 하지만, 실상은 그럴 수밖에 없을 만큼 엄청나게 많은 송사가 있었기 때문이기도 했다.

실제로 지방관 경험이 있는 관리들은 송사 업무가 너무 많아 괴로워했다. 정약용은 《목민심서牧民心書》를 통해 황해도 곡산부사를 지내며 겪은 송사 업무의 번거로움을 토로했고, 《미암일기眉巖日記》를 쓴 유희춘柳希春은 지방관을 지내면서 잔뜩 쌓인 소지를 읽느라 밤을 새우는 일상을 보냈다.

소장을 처리하는 일은 본래 말단의 사무에 속하며, 정신 쓰는 것도 한도가 있어서 모두를 상세히 다룰 수 없다. 온 정신과 몸을 모두 그것에만 쏟고 무슨 일을 할 수 있겠는가.

《목민심서》, 〈부임〉, 제6조 이사 중에서

정약용 같은 천재이자 위대한 학자도 이렇게 말할 정도였으니, 그 업무가 얼마나 과중했는지 짐작이 간다. 과도한 업무량에 짓눌린 것은 왕도 마찬가지였다. 워커홀릭으로 유명한 정조도 신하들에게 다음과 같이 말한 적이 있다.

어젯밤에 구월九月*의 옥안을 판결하느라고 촛불의 심지를 여러 번 갈았으나 끝내지 못하였다.

《심리록》제11권 중에서

참고로 이 말을 했던 것이 3월 15일 즈음이었으니, 그만큼 일거리가 아주 많이 밀렸다는 말과 같았다. 이쯤에서 대한민국의 삼권 분립 체제에 대해 다시 한번 만세를 외쳐야 할 것 같다. 《일성록日省錄》, 《심리록審理錄》 등 고문서에 가득 쌓인 송사의 속사정을 하나하나 엿보다 보면, 행정권과 사법권을 나누지 않는 국가에서는 그 어떤 사람이라 해도 과로사하는 게 당연하게 여겨질 정도이다.

| 이것도 억울하고 저것도 억울하다 |

조선 시대 사람들은 무엇 때문에 송사를 벌였고, 이기면 무엇을 얻었을까? 아무래도 송사를 통해 얻고자 하는 가장 큰 이득은 예나 지금이나 권선징악의 정의를 실현하는 것이었다. 만약 억울하게 죄를 뒤집어썼다면 재판을 통해 결백을 증명 받고, 진짜 범인을 찾아 벌을 받게 할 수 있었다.

◆ 바로 다음에 유월이란 사람의 이름이 거론되긴 하지만, 앞뒤 내용으로 미루어 보건데 구월은 사람이 아닌 날짜를 지칭하는 것으로 추측할 수 있다.

하지만 그 속을 한번 들여다보자. 인간의 내면은 좋고 나쁜 것이 뒤엉켜 있기 마련이고, 그건 옛날 사람도 마찬가지였다. 분명히 잘못을 저지르고도 억울하다며 한탄하는 뻔뻔한 사람도 있었고, 서로가 서로에게 잘못을 저질러 피해자와 가해자가 뒤섞이기도 했다. 이런 골치 아픈 상황은 누구나 한 번쯤 겪어 보지 않았을까? 조선 시대의 실록과 문집, 여러 고문서를 샅샅이 뒤져 보면 정말 기막힌 사연, 안타까운 사정, 뻔뻔한 오리발이 함께한다. 그래서 재미있고, 동시에 골치 아프다.

여기에서 잠깐, 조선 시대 사람들의 소송 주제들을 간단하게 짚어 보려 한다. 정약용이 말한 대표적인 송사의 종류는 다음과 같이 분류할 수 있다.

① 전답과 노비 다툼
② 빚과 이자에 관한 다툼
③ 경작권 싸움
④ 논에 물 대는 일에 대한 시시비비
⑤ 품삯 다툼
⑥ 시비가 붙거나 폭행이 일어난 사건

자세히 따져 보면 결국 모두 '돈'으로 직결되는 다툼이라는 것을 알 수 있다. 각각의 예를 통해 어떤 사연들이 있는지 알아보자.

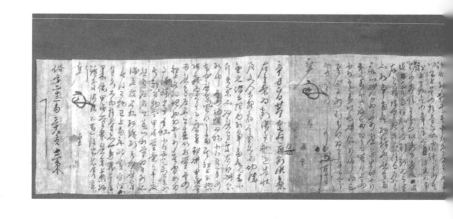

| 전답과 노비 다툼 |

아무래도 전답이나 노비 등 재산과 직결되는 송사가 가장 흔하고 많았다. 대체로 '내 땅을 남이 훔쳐 갔다', '생판 남이 내 밭에서 농사짓고 있었다'와 같은 것들이다. 조선 시대의 토지 측량이 현대처럼 아주 정밀하지는 않았기에 땅문서 역시 '어느 동네 몇 마지기' 정도로 간략하게 기술되어 있었다. 그러다 보니 시일이 흐르며 "니 땅이니 내 땅이니" 하는 싸움이 흔히 벌어지게 된 것이다.

1661년 손광과 이소근올미의 송사를 다룬 '화민化民-손광 경주부 결송 입안'의 사연은 이렇다. 손광은 노비에게서 받은 땅을 농사짓지 않고 묵혀 두었다. 어느 날 보니 이소근올미라는 타인이 자기 조상이 물려 준 땅이라고 주장하며 이 땅에 경작을 하고 있

▲ 화민-손광 입안
출처: 한국학중앙연구원 장서각 기탁 자료(기탁처: 경주 양동 경주 손씨 종가 송첨)

는 것이다. 이에 자신의 땅을 돌려달라는 송사를 걸었다.

서로 의견이 갈려 다툼이 있긴 했지만, 재판 끝에 피고 이소근 올미는 순순히 밭을 돌려주었다. 하지만 만약 누구든 끝내 승복하지 않는다면 오랜 다툼이 되었다. 집이나 논밭 때문에 벌어지는 송사도 많았지만, 노비 때문에도 많은 송사가 일어났다. '내 노비를 남이 빼앗아 갔다' 등의 이유로 다툼이 끊이지 않았던 것이다.

재산 다툼 앞에서는 역사상 이름 높은 위인들도 두 팔 걷어붙이고 달려들었다. 자연과 어우러져 살며 수많은 시를 지은 고산 윤선도尹善道는 재산 관리에 무척 투철한 사람이었다. 그는 말룡이라는 노비가 도망친 뒤 양인 여자와 결혼해 낳은 자식들(법적으로는 윤선도의 노비이긴 했다)을 납치해 갔다는 이유로 추노꾼들을 고발했다(181~183쪽 참고). 현대인이라면 사람의 소유권을 두고 싸웠다는 사실에 강한 거부감을 느낄 수밖에 없지만, 조선 시대는 신분제가 존재하던 시대이므로 이런 일들이 일어나는 것은 어쩔 수 없었다.

| 빚과 이자에 관한 다툼 |

은행 및 신용기관이 없던 시절이지만, 조선 시대 사람들도 당연히 급전이 필요할 때가 있었다. 결혼을 하거나, 장례를 치르거나, 여러 이유로 잔치를 벌여야 했으니까 말이다. 이럴 때 찾는 것은 이웃집의 여윳돈이었는데, 나중에 이자를 톡톡히 쳐서 갚아야 했다. 하지만 형편이 어려워서 돈을 갚을 수 없어지거나, 또는 빌려준 사람이 악당일 때도 많았다. 어느 쪽이든 조선 사람은 원님께 달려가 송사를 걸었다. 연도가 분명치 않은 어느 고문서들에 기록된 상반된 두 가지 사례를 살펴보자.

경기도 김포의 서조이*는 이웃에 사는 황치룡에게 결혼 자금으로 70냥을 빌려주었다. 황치룡은 이 돈으로 결혼한 뒤 살림이 잘 풀렸지만 서조이의 돈을 갚지 않았다. 서조이는 자신이 남편 없이 살면서 힘들게 모은 돈을 빌려준 건데 갚지 않는다고 송사를 걸었고, 황치룡은 체포되고 말았다.

반대로, 강원도 춘천의 황조이는 돈을 갚아야 할 처지였다. 황

---

* 성 뒤에 붙여 양민 여성, 혹은 과부임을 나타내던 이두. '조시'라고도 불렀다.

조이의 남편이 동네의 양반 유씨에게 40냥을 빌렸다. 하지만 갚아야 할 돈은 눈 깜짝할 사이에 100냥으로 불어났고, 유씨는 이 빚을 빌미로 황조이의 땅을 거의 빼앗았다. 이에 황조이가 송사를 걸었고, 놀랍게도 그가 이겨서 땅을 돌려받았다. 유씨와의 악연은 더 이어졌으나, 좀 더 자세한 이야기는 뒤에서 이어서 이야기하겠다.

| 경작권 다툼 |

한국사 교과서 등에도 나오지만, 조선 후기로 갈수록 백성들의 경제적 불평등은 심해졌다. 넓은 땅을 가진 지주가 많아지고, 농민은 지주의 땅을 빌려 농사짓는 소작농이 되었다. 그러다 보니 여기에서 수많은 다툼이 생겼다. 그러나 반전은 지주가 악덕일 때도 있지만, 소작농이 악당일 때도 있었다는 것이다.

1782년 포천에 사는 정지중은 자신의 7대조 할아버지의 논을 부쳐 먹는 소작인들이 지대(땅 빌린 값)를 내고 있지 않다고 소송을 벌였다. 정확히는 7대조 할아버지 소유의 땅이라는 말이 아니라, 7대조 할아버지의 제사 비용을 대기 위한 제위답祭位畓[**]이었다. 정지중의 제위답에서 농사를 지은 소작농들은 자그마치 10년 동안이나 소작료를 내지 않았다.

[**] 추수한 것을 조상의 제사 비용으로 쓰기 위하여 마련한 논.

분명한 사정은 알 수 없지만, 만약 정지중에게 권력이 있었다면 소작인들이 10년이나 소작료를 내지 않고 버티지 않았을 것이다. 정지중은 스스로 '유학幼學'이라고 칭했는데, 이는 공부 중인 학생을 뜻한다. 뒤집어 말하면 아직 아무것도 이룬 것이 없다는 말이었다. 과거의 급제도 못하고, 관직도 없는 상태라는 것이다.

정지중의 사정을 전해 들은 정조는 "필시 궁하여 살기 어렵기 때문에 이렇게 호소하였을 것이다"라며 단번에 숨겨진 사연을 꿰뚫어 보았다. 조상님의 제사 때문이 아니라 자신이 먹고살 게 없어서 조상님 몫으로 남겨진 재산을 찾아냈다는 것이다.

실제로 정지중은 겨우 찾아낸 조상님의 재산인 논밭을 찾아가 경작하는 사람에게 소작료를 달라고 했으나 거절당했다. 너무 옛날 일이라 정지중의 조상의 땅이 맞는지 입증도 어려웠지만, 소작인으로서도 갑자기 주인이 나타나 소작물을 바치라니 쉽게 승낙하기 어려웠을 것이다.

정지중은 당연히 송사를 걸었지만, 오히려 자신이 옥에 갇히게 되었다. 그래도 정조는 정지중을 불쌍히 여겨 풀어 주게 했다. 어쩐지 안타깝기도 하고 한심하기도 한 이야기이지만, 조선 시대에 어디 이런 얘기가 하나뿐일까?

| 논에 물 대는 일에 대한 시시비비 |

농사짓는 데 가장 중요한 것은 '물'이었다. 전기도 없고 양수기나 펌프를 비롯한 현대문명의 기계도 없던 시절, 오로지 사람의 힘만이 유일한 수단이던 시절에 농업용수를 확보하는 것은 몹시 힘들고도 중요한 일이었다. 물이 없으면 그 해 농사를 망치게 되고, 농사를 마치면 굶어죽기 십상이니 절실할 수밖에 없었다.

까마득한 예로부터 논물을 두고 일어난 싸움은 치열했다. 가뭄이 찾아오면 평화로운 농촌마을은 그야말로 전쟁터가 되었고, 툭하면 싸움이 벌어지고 사람이 다치기도 했다. 조선 시대에 농부들끼리 폭행치사사건이 벌어지면 대체로 물꼬에 대한 시시비비가 싸움의 원인이었다 해도 과언이 아니었다.

워낙 사례가 많지만, 여기서는 《심리록》 제30권에 실린 사건을 소개하겠다. 1799년 평안도 영유에 사는 맹춘봉이 서로 논을 맞댄 이웃인 홍처대와 물 때문에 싸움이 붙었다. 처음에는 말싸움으로 시작한 것이 점점 몸싸움으로 번졌고, 결국 홍처대가 맹춘봉에게 명치를 맞아 죽었다. 이 사건은 가해자 맹춘봉이 낫으로 자해를 하고, 그의 어린 아들이 아버지를 위해 격쟁을 하면서 왕과 대신들이 이 사건을 논의해서 자세한 내막이 기록되었다.

사건의 내역을 검증해 보니 먼저 진흙탕에 넘어진 것은 맹춘봉이었다. 홍처대는 이때다 싶어 맹춘봉을 때리려고 했고, 불리해진 맹춘봉이 안간힘을 다해 버둥거리다가 홍처대의 급소를 때린 것이었다. 현대의 기준으로 본다면 쌍방폭행에 과실치사였는데, 당시 대신들은 "산 사람으로 죽은 자의 목숨을 갚는 것은 법으로 볼 때 당연하다"며 맹춘봉을 처벌할 것을 주장했다. 맹춘봉이 자해한 것도 죄를 모면하기 위한 계책이라고 주장했다.

여기서 명탐정 정조가 나섰다. 가뭄 때야 서로 자기 땅에 물을 대려고 싸움이 벌어질 수도 있는데, 특이하게도 이 사건은 비가 오는 날 벌어졌다는 데 주목한 것이다. 비가 내려 물이 부족한 것도 아닌데 두 사람이 싸운 이유는 무엇이었을까? 정조는 가해자와 피해자가 그동안 부족한 물 때문에 다투느라 악감정이 쌓인 탓으로 보았다.

정조와 수많은 비밀편지를 주고받은 것으로 유명한 심환지沈煥之도 참여해서 의견을 제시했다. 심환지는 "싸움이 일어나게 된 원인을 따져 보면 누가 잘했든 못했든, 의도가 있었든 없었든 간에 사람을 발로 차서 죽게 한 상처는 숨길 수 없다"고 주장했고, 결국 정조는 맹춘봉을 사형에서 한 단계 내려 귀양에 처했다.

'그깟 물 때문에 사람을 죽이다니!'라는 생각도 들겠지만, 현대에도 물의 전쟁은 허다하게 벌어진다. 농업용수를 확보하기 위해 농촌의 사람들이 얼마나 치열하게 싸우는지 도시 사람들은 아마 짐작조차 어려울 것이다.

| 품삯 다툼 |

일해 주면 돈 주겠다고 불러 놓고 정작 일이 끝난 뒤 입 싹 씻어 버리는 일이 옛날이라고 없었을까? 현대의 열정페이처럼 사람들의 귀한 노동력을 날로 먹는 일은 과거에도 늘 벌어졌고, 평민이나 상인들뿐만 아니라 양반들 사이에게도 자주 일어나는 일이었다.

안동에 살았던 함벽당 류경시柳敬時가 받은 편지를 보면 한양의 양반들은 그에게 '그 지역을 여행하는 자기 가족을 챙겨 달라', '제수 물품들을 챙겨 달라', '식사를 준비해 달라'는 부탁을 굉장히 자주 했다. 지방 관리였던 류경시는 이 부탁들을 들어주었지만, 한양 양반들은 원하는 것만 공짜로 날름 챙기고 삯은 커녕 감사 편지한 장 보내지 않았다.

열정페이뿐만이 아니라, 관리들도 백성의 노동력을 공짜로 갈취하곤 했다. 조선 시대의 지주와 소작인은 시작표時作票, 배지牌旨 등의 계약 문서를 쓰고 일했다. 마찬가지로 일꾼考工을 고용할 때도 자신의 노동력을 파는 문서와 그 증명서인 입안立案을 만들기도 했다. 하지만 구체적인 노동 계약으로까지는 발전하지 못했기에 갖은 문제가 생겼다.

정조 때 전주 판관을 지냈던 조익현趙翼鉉은 민가의 장정들에게 나라의 일을 시키면서 돈 한 푼 주지 않고 부려먹었다. 이 문제가 불거지자 "원래 그러는 겁니다"라고 당당하게 말하기까지 했다.

오히려 왕이었던 정조는 수원에 화성을 건설하고 도로를 닦을 때 고용한 일꾼들에게 당시의 품삯보다 더 높은 금액을 쳐주고, 급료가 잘 지급되었는지를 몇 번이고 확인했다. 그랬던 왕 앞에서 '나라의 관례'를 주장하다니, 어떤 의미에서 대단한 사람이었다.

| 폭행이 일어난 사건 |

《심리록》이나 《중수무원록增修無寃錄》 같은 책에서는 좀 더 강력한 사건들이 등장한다. 상해사건이나 살인사건 같은 것들이다. 죽은 사람의 상처를 살피고, 사인을 알아내고, 주범이 누구인지를 알아내는 데 도움을 준다는 점에서 '조선 시대의 과학수사' 같은 주제에서 자주 다루는 내용들이다.

이런 상해 및 살인사건들은 우연이 아니라 작은 다툼들에게서 시작했다. 땅을 두고 싸우다가, 빚 갚으라고 한 소리 하다가, 품삯을 제때 주지 않아서 나쁜 감정이 쌓이다가 등등 사소한 시비는 폭력으로 번졌고, 마침내 살인으로 이어지기도 했다.

간혹 관리나 양반이 권력을 남용해 죄 없는 백성을 죽이기도 했다. 그러면 가족들은 원통함을 하소연하며 정의 실현을 위한 소송을 시작했고, 만약 좋은 재판관이나 좋은 왕을 만난다면 이기기도 했다.

이성계가
부동산을
투기한 사연은?

조선이나 현대나 재산은 가장 많은 다툼이 벌어지는 사안이다. 우리는 보통 양반이라는 신분에 대해 '옛날 양반들은 돈을 상스럽게 여기고 고상하게 살았다'라고 알고 있다. 자기 손으로 돈을 들고 다니지도 않고, 노비를 시켜 대신 장사하게 했으며, 상업을 억제하며 농사를 권장했다. 그런 덕분에 조선은 자본주의가 발달하지 않고…. 이런 식의 이야기는 이제까지 많이 들어봤을 것이다. 많은 사람이 그렇게 생각할 것이고, 일부는 사실이기도 하다.

그러나 내 것이 남에게 넘어가는 꼴은 아무리 군자라도 가만히 지켜보기 힘든 법이다! 이는 옛날이나 지금이나 마찬가지다. 당연한 말이지만, 사람들은 자기의 재산을 보호하기 위해 열심히 싸웠다. 흔히 '밥그릇 싸움'이라는 말로 폄하하곤 하지만, 사실 자기 식량을 확보하는 것은 무척 중요하고도 간절한 일이었다. "사흘 굶어서 도둑 안 되는 사람 없다"는 속담도 있지 않은가!

그래서 사람이 배만 부르면 되는가? 그것도 아니다. 계절과 날씨에 맞게 옷을 입어야 하고, 지친 몸을 안전하게 쉴 수 있는 주거 공간도 필요하다. 그뿐일까? 현대인이라면 이제 스마트폰이나 와이파이가 없는 세상은 상상할 수조차 없다. 물론 조선 시대와 지금은 다르지만, 사람은 언제나 잘 살고 싶어 했다.

등 따시고 배부르게 살기 위해 필수적으로 필요한 것은 아무래도 '돈'이다. 수많은 관리를 골치 아프게 한 사건사고와 법정 이야기 역시 이유는 돈, 노비, 세금 등 재산과 직결된 것들이었다. 그렇다면 과연 옛날에 돈푼이나 하던 것들로는 무엇이 있었을까?

| 예나 지금이나 가장 으뜸인 재산, 부동산 |

어쨌든 가장 중요한 것은 땅! 땅! 땅이다. 다만 현대는 전 국토가 측량되어 있고 주요 재산이 집이며 주요 단위는 평이지만, 조선 시대는 농사짓는 밭이나 논이 재산 중 가장 중요했다. 물론 집도 재산의 주요 항목이었지만, 그래도 식량이 귀했던 시대였던 만큼 농사를 지을 수 있는 땅이 제일 중요했다.

조선 사람들도 처음엔 자연 그 자체였던 땅을 개간해 직접 자신의 소유인 농토를 만들었다. 국가 및 사회는 개인의 토지 소유권을 인정했고, 사거나 팔 수 있게 했다. 다만 옛날의 토지 문서들은 현대인이 보기엔 대단히 막연하다. 이를테면 '밤나무골 밭 몇 두락' 정도로 기록된 정도에 그치기 때문이다.

그래서 그 옛날 불효자식의 단골 레퍼토리는 밤중에 몰래 부모님의 문서궤를 뒤져 땅문서를 훔쳐 도망가는 것이었다. 그렇다면 조선 시대는 땅문서를 가지기만 하면 소유권을 주장할 수 있었을까? 천만에! 그때도 속임수와 도난을 막기 위해 수많은 안전장치가 마련된 거래 문서가 있었다. 이것이 바로 조선의 토지매매문서, 즉 명문明文이다.

이런 명문은 사고파는 땅의 위치나 넓이만 적힌 게 아니라, 이전에 이 땅의 소유자가 누구였고, 어떤 사연으로, 언제, 어떻게 팔았는지 내력까지 모두 기재했다. 또한 증인들이 있어야 했기에 몰래 파는 것은 물론 위조도 까다로웠다. 개인끼리의 거래가 가능했지만 필요하다면 국가의 공증을 받을 수도 있었으니, 이것을 입지 또는 입안立案이라고 했다. 만약 홍수, 화재, 도난 등으로 문서를 잃어버렸을 때도 재발급 받을 수 있었다.

이런 서류는 예나 지금이나 분쟁이 생겼을 때 중요한 증거가 되었다. 옛날 재판의 결과를 기록한 결송문서를 보면 원본 문서를 잘 보관한 쪽이 이기는 게 보통이었다. 따라서 땅문서를 훔쳐서

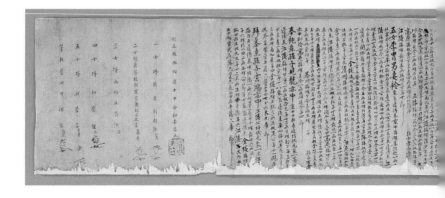

맘대로 팔기는 그리 쉽지 않았고, 오히려 절도 및 문서 위조로 처벌받을 수 있었다. 덧붙여 땅 한 곳을 서로 다른 사람에게 파는 이중매매는 물론이거니와, 소송 중인 땅을 몰래 팔아넘기는 것 등도 모두 불법이었다. 그럼에도 땅의 진정한 주인을 가리는 명의 소송은 끊이지 않았다.

이런 경우도 있었다. 《미암일기》의 저자 유희춘의 아내 송덕봉은 땅 8마지기를 가지고 있었다. 어느 날 친척이 그 땅문서를 위조해 자기 것처럼 조작했는데, 마침 송덕봉이 땅문서를 잃어버리는 바람에 소유권을 입증할 수 없었다. 그러나 먼 훗날 원래 땅문서를 찾아낸 덕에 돌려받았다. 이처럼 옛날이라고는 하나, 조선 시대의 행정력을 절대로 우습게 보면 안 된다.

조선 시대에도 알토란 같은 땅에 위치한 고래등 같은 기와집은

▲ 이씨분재기, 강원유형문화재 제9호

출처: 오죽헌·시립박물관

핵심 자산이었고, 이걸 물려받는 것은 엄청난 행운이었다. 다만 조선 시대의 집 역시 위치와 규모에 따라 가치가 달랐기에 자식이 여럿이라면 공평하게 나누는 건 무척 어려운 일이었다. 1540년 사노비였던 복만이 두 딸에게 재산을 물려준 문서인 이씨분재기李氏分財記*를 보면 각각 기와집 한 채씩을 나누어 주었지만, 집의 크기와 가치가 달랐기에 작은 딸에게 재산을 더 얹어 주었다.

또는 미래가 유망한 자식에게 몰아서 상속해 주는 예도 있었다. 율곡 이이의 외할머니인 용인 이씨는 이사온李思溫의 외동딸로, 많은 재산을 상속받고 신명화申命和와 결혼하여 딸만 다섯을

◆ 재산의 상속과 분배를 기록한 문서로 화회문기(형제자매간 재산 분배 합의서), 분급문기(부모의 생전에 재산을 나누어 준 문서), 깃부문기(부모의 생전에 각 자녀의 몫을 따로 작성한 문서), 별급문기(특별한 사정이 있을 때 재산을 지급하는 문서), 허여문기(재산 상속 문서이나 정식 문서는 아님)로 나누어진다.

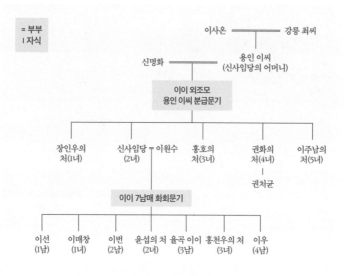

= 부부
ㅣ 자식

이사온 ━━━━━━ 강릉 최씨

신명화 ━━━━ 용인 이씨
(신사임당의 어머니)

**이이 외조모
용인 이씨 분급문기**

장인우의   신사임당 = 이원수   홍호의   권화의   이주남의
처(1녀)   (2녀)   처(3녀)   처(4녀)   처(5녀)
                                                  ㅣ
                                                권처균

이이 7남매 화회문기

이선   이매창   이번   윤섭의 처   율곡 이이   홍천우의 처   이우
(1남)   (1녀)   (2남)   (2녀)   (3남)   (3녀)   (4남)

율곡 이이의 가계도

낳았다. 늘그막에 용인 이씨는 손주들에게 재산을 나누어 줬는데, 13세에 과거에 급제했던 둘째 딸의 아들인 율곡 이이李珥에게 한양 수진방(지금의 쌈짓길)의 금싸라기 같은 기와집을 물려주었다.

강릉의 기와집은 넷째 딸의 아들인 권처균에게 물려주었다. 권처균의 호가 오죽이었기에 이 기와집의 택호가 오죽헌烏竹軒이 되었다. 왜 이이와 권처균만 좋은 집을 물려받았을까? 그 이유는 이이를 이씨의 제사를 지낼 봉사손이고, 권처균을 묘소를 돌볼 자손이기 때문이다. 이처럼 유산은 그냥 주는 게 아니라, 재산을 많이 물려받은 자손일수록 많은 의무를 지는 것이 보통이었다,

| 이성계가 부동산을 투기한 사연 |

물론 이런 부담 없이 온전한 사랑으로 집을 뚝 떼어 주는 일도 있었다. 고려 말의 신흥 무인 세력으로 왜구를 무찔러 전국적인 영웅이 되고, 나아가 조선을 세운 시대의 영웅인 태조 이성계李成桂의 이야기다.

다섯째 아들 태종 이방원李芳遠에게 뒤통수를 맞고 실권을 잃은 뒤 사랑하던 신덕왕후 강씨에게서 얻은 아들 둘과 사위마저 살해당한 태조가 실의에 빠져 이방원에게 심술을 부린 것은 유명한 이야기다. 그런데 그 와중에 후궁에게서 늦둥이 딸 숙신옹주를 얻기도 했다. 당시 태조는 이미 환갑이 넘었고 아들은 물론 손주들까지 수도 없이 많았다.

67세의 태조는 어린 딸을 위해 한성부(한양)의 향방동에 있었던 재상 허금의 옛 집을 사들인 뒤 리모델링 했다. 이 내용을 숙신옹주 가옥허여문기淑愼翁主 家屋許與文記라는 문서로 남겼는데, 이 문서를 참고해 보면 새집에 대한 태조의 주문이 놀라울 만큼 상세하다. 집 본채와 부엌은 기와로, 광이나 다락, 안사랑, 서방 등은 이엉으로 이으라고 하고, 동서남북 집의 방향과 건물의 배치는 물론 방의 칸 수도 정해 둔 것이다. 더불어 이 24칸 기와집에서 대대손손 영원히 거주하며 살 것을 기원하고 있다.

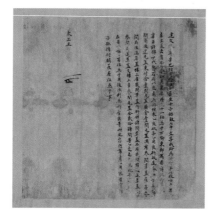

◀ 숙신옹주 가옥허여문기
출처: 국립중앙박물관

… 주춧돌과 함께 구입한 허금의 집터 매매 문서를 상속해 주마.

숙신옹주 가옥허여문기 중에서

늘그막에 얻은 귀여운 딸의 미래를 걱정하는 아버지의 마음이 애틋하면서도, 바로 옆에서 아버지 때문에 소매를 물어뜯고 있었을 다섯째 아들을 생각하면 참 얄궂기도 하다.

참고로 이 문서는 1401년인 태종 1년에 작성한 것으로, 당시 조선의 수도는 개성이었다. 처음 조선을 개국하며 한양으로 수도를 옮겼지만, 그곳에서 형제들끼리 죽고 죽이는 제1차 왕자의 난이 벌어졌다. 이 때문에 조선의 2대왕 정종은 옛 수도 개성으로 돌아왔고, 이후 한양은 버려져 폐허가 되었다. 그런데도 태조는 사랑하는 딸에게 개성이 아닌 한양의 집을 물려주었다.

이상한 결정으로 보이지만, 우리는 이후의 역사를 알고 있다. 이 상속 문서가 작성되고 4년 뒤, 태종은 태조의 부탁으로 '갑자기' 한양으로 귀환을 결정했다. 이후로 한양의 집값은 천정부지로 치솟았고, 이는 지금까지도 이어지고 있다. 어쩌면 이 모든 것이 늦둥이 어린 딸의 미래를 생각한 한 아버지의 아주 커다란 포석은 아니었을까?

| 천과 세간살이도 재산이 되던 시대 |

지금처럼 공장제 생산이 들어서기 전, 전근대 사회는 모든 물자가 귀했다. 그래서 세간살이, 책, 옷감 등이 모두 재산이었다. 그중에서 특히 흔하면서도 가치 있는 것은 옷감이었다. 사람이 동물 가죽을 벗겨 입던 원시시대를 지나, 식물 등에서 섬유질을 뽑아 가공하고 엮어서 만드는 옷감은 생활의 필수품이었다. 특히 품질 좋고 광택이 나며 색깔이 아름다운 천은 동양과 서양을 막론하고 사치품에 속했다.

옷감은 곧잘 돈을 대신하기도 했기에 명주나 무명을 만드는 길쌈 능력은 여성들이 배울 수 있는 기술 중에서도 가장 가치가 높았다. 그만큼 천은 비쌌고, 여기에 염색까지 하면 진정한 고부가가치 사업이었다. 조선의 유일한 여성 실학자 빙허각 이씨憑虛閣 李氏의

《규합총서閨閣叢書》를 보면 천을 가지각색으로 물들이는 방법이 기록되어 있다. 조선 중기 곽주의 딸이 친정어머니 하씨에게 보낸 언문 편지에도 "천 좀 염색해서 보내 줘!"라는 부탁이 있다.

옷감과 마찬가지로 세간살이 역시 모두 수공품이었고, 물려받아 쓰는 일이 흔했다. 재산을 분배했던 문서 분재기를 보면 땅이나 집 말고도 솥, 화로, 그릇, 신선로 그릇 등등 가정의 집기들도 상속의 대상이 되었다. 하다못해 숟가락도 상속 대상이었다.

상당히 의외지만, 책도 상속의 대상이 되었다. 인쇄 문화가 발달하기 전 책은 몹시 값비싼 물건이었고, 살림이 어려워지면 냉큼 책부터 헌책방에 팔아 현금을 확보했다. 그래서 책을 많이 가진 부모는 자식들 중 공부를 잘하는 사람에게 재산으로써 책을 물려주기도 했다.

그 외의 생활 용품들도 모두 재산이었다. 사육신死六臣의 하나인 하위지河緯地는 단종을 왕위로 되돌리기 위한 모의를 했다가 붙잡혀 모진 고문을 받은 끝에 처형되었다. 그러나 옥에서 쓴 유서가 지금까지 남아 있다. 자신이 죽은 뒤 자기가 가졌던 모든 것을 살아 있는 누군가에게 나누어 준다는 내용이었다. 소나 말, 화로처럼 잘 쓰이고 값나가는 물건들이야 당연히 유산 목록에 포함이 되겠지만, 여기서 눈에 띄는 건 가마솥과 숟가락이 있다는 점이다. 당시엔 대역죄인의 몸이었기에 몸은 죽고 집은 모두 파헤쳐져 연못이 만들어졌겠지만, 과연 하위지의 숟가락은 어디에 가서

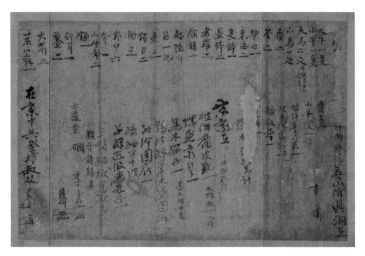

▲ 하위지유서

출처: 한국국학진흥원 소장(기탁처: 진주 하씨 충열공파)

누구의 것이 되었을지 무척 궁금해진다.

| 사람이 재산이던 시대 |

인간이 평등하지 않던 시대에는 신분에 따라 사람이 사람이기 이전에 누군가의 재산이기도 했다. 고조선 시대부터 이미 남의 노예가 된다는 말이 있었으니, 아마 인간은 아주아주 오래전부터 불평등했을 것이다. 태어나 보니 양반 부모를 둔 사람이 있었듯 태어나 보니 부모가 노비인 사람들도 있었고, 이들은 대를 이어 노비가 되었다. 먹고살기 힘들 정도로 가난한 사람들은 자기 몸을 팔아넘겨 노비가 되기도 했다.

노비의 세계도 다양했다. 양반의 집에서 심부름 및 허드렛일을 하며 시중을 드는 솔거 노비率居奴婢가 있었고, 멀리 떨어진 외지에서 양반 소유의 논밭을 부쳐 먹는 외거 노비外居奴婢도 있었다. 어느 쪽이든 사람이기 이전에 주인의 재산이었다. 그래서 돈 많은 양반이 자신의 재산을 나눌 때는 노비까지 재산으로써 골고루 나누어 주었다. 현대인의 귀에는 참으로 비참하게 들리는 일이긴 하지만 말이다.

노비를 재산으로 분배할 때는 공평함이 중요했다. 나이 든 노비보다는 젊은 사람이, 남자보다는 아이를 낳아 재산을 불릴 수 있는 여자가 더 가치가 있었다. 때때로 재산을 물려받은 당사자끼리 노비를 맞바꾸는 일도 있었다. 당연하지만 물건처럼 이리저리 넘겨지는 노비로써는 별로 유쾌한 경험이 아니었을 것이다.

비록 노비의 신세가 처량하기는 하지만, 어떤 주인을 만나느냐에 따라 그렇게까지 비극적이기만 했던 것도 아니었다. 쥐가 고양이 생각해 주는 격이긴 하지만, 주인으로써도 많은 노비를 물려받는 것이 반드시 좋은 것만은 아니었다. 주인은 노비들의 주거지는 물론이거니와 옷, 식사 문제를 해결해 주어야만 했다. 주인이 가난해 그들의 의식주를 해결해 주지 못하면 노비들은 대놓고 불만을 터뜨리기도 했고, 어떤 수완 좋은 노비는 주인보다 더 부자가 되기도 했다.

앞서 말했던 조선 중기의 유학자 곽주의 딸이 친정 어머니 하씨에게 보낸 편지를 보면, 혼인할 때 함께 데려왔던 노비들이 모두 아프거나 세상을 떠났는데, 이제 시댁의 노비들을 어떻게 부리냐고 걱정하는 내용도 있다. 이런 것만 봐서는 과연 양반이 지배 계층이 맞았는지 의심스럽기도 하다. 일신이 자유롭지 않았던 노비의 신세보다야 나았겠지만 양반댁의 우아한 대감마님이나 안방마님의 환상은 일찌감치 접는 게 좋다.

동창이 밝았느냐 노고지리 우지진다
소치는 아이놈은 상기 아니 일었느냐
재 너머 사래 긴 밭을 언제 갈려 하느냐

숙종 때의 문인 남구만南九萬이 지은 이 시조는 조금 노골적으로 말하자면 일 안 하는 노비들을 꾸짖는 내용이었다. 날이 밝고 봄이 되어 빨리 밭을 갈고 씨를 뿌려야 하는데, 양반 어르신께서도 다 일어나 준비를 마쳤거늘 노비는 아직도 자고 있다는 것이다. 이것은 비단 남구만만의 일은 아니었다.

유희춘이나 다른 양반들의 일기를 보면 '밭일을 하러 갔건만, 노비들이 열심히 일하지 않아서 괘씸하다'는 내용이 곧잘 나타난다. 농사에는 때가 있고 그때마다 해야 할 일이 많은데 노비들이 자주

게으름을 피운다는 것이다. 현대인의 시각으로 보면 노비의 행동도 이해가 간다. 아무리 열심히 일해 봤자 수익이 다 남에게 가는데 무엇하러 힘들게 일하겠는가?

이러한 문제 때문에 조선 후기로 갈수록 노비는 줄어들고 정해진 기간 동안 일을 한 뒤 새경을 받는 머슴으로 바뀌게 된다. 정규직에서 기간 계약직으로 바뀌는 것은 어쩌면 역사의 대세일지도 모르겠다. 그렇다면 과연 미래에는 고용 안정성 문제가 어디로 갈지 살짝 궁금해진다.

500년 소송의 나라의 탄생

1446년 세종대왕은 《훈민정음訓民正音》의 서문에서 이렇게 밝혔다.

> 나랏말이 중국과 달라 문자와 서로 통하지 아니하므로, 어리석은 백성들이 말하고 싶은 것이 있어도 마침내 제 뜻을 잘 표현하지 못하는 사람이 많다.
>
> 《훈민정음》, 〈서문〉 중에서

조선 시대의 백성은 먹고살기 바빠 한자를 제대로 배우기 어려웠고, 아예 글자를 모르는 사람도 많았다. 이런 백성을 가엾게 여긴 세종은 이들을 위하여 소리 나는 대로 쓰는 글자 훈민정음, 그러니까 '한글'을 만들었다. 그리고 이 문자는 세종이 원했던 대로 '역병처럼' 조선 팔도로 번졌다. 백성들은 정말로 빠르게 한글을 익혔고 일상생활에서 적극 활용했다.

2012년, 한 무덤을 이장하다가 한글 편지가 발견되었다. 1490년 즈음 함경도의 군관으로 파견근무를 나갔던 나신걸羅臣傑이 자신의 아내 신창맹에게 보낸 편지였다. 이는 가장 오래된 한글 편지이다. 가족과 떨어져 지내다 보니 쓸 내용이 넘쳐나서 모서리에 적고, 위아래에 적고, 뒤집어서 또 적고 적어 보낸 이 한글 편지는 남녀불문하고 한글을 사용해 편지를 주고받았을 당시의 사회 모습을 알려준다. 특히 여성이 한글의 주 사용자였다. 한글을 주로 사용하는 여성들이 자식을 낳고 키웠기에 남성들도 한글을 먼저 배우고, 좀 자란 다음에 한문을 배우곤 했다.

조선 중기의 유학자 곽주郭澍는 가정사로 인해 따로 사는 아내 하씨와 아이들을 보고 싶어 하면서 장모님에게 "아이들에게 빨리 한글을 가르쳐 주세요. 편지를 주고받고 싶습니다"라고 부탁하기도 했다.

조선 후기의 유학자 송시열宋時烈도 딸을 위한 글을 한글로 썼고, 효종과 왕비도 딸들과 한글로 편지를 주고받았으며, 현존하는 정조의 첫 편지도 한글로 남아 있다. 정조는 심환지에게 보내는 편지에서도 갑자기 써야 할 한자가 생각이 안 나면 한글로 휘갈겨

쓰기도 했다. 즉, 조선 시대의 공식 언어는 한문이었지만 누구나 한글을 읽고 쓸 수 있었던 것이다.

사회의 분위기가 이랬기에 관청에서는 한글로 쓴 문서도 접수를 받았다. 그렇기에 정말로 많은 사람들이 소원 접수 및 고소를 한글로 했고, 관청에서는 이걸 한문으로 번역해서 처리했다. 남녀노소를 불문하고 수많은 사람이 한글로 쓴 소지문(고소장)을 들고 관청문을 드나들었다. 아마 영릉에 누운 세종대왕 역시 자신의 발명품이 세상을 바꾸고 백성들에게 큰 힘이 되는 모습을 보며 몹시 행복했을 것이다. 하지만 관원들은 그리 행복하지 않았다. 그렇지 않아도 일이 많은데 한글 덕분에 참으로 별의별 호소문과 고소문이 넘쳐나게 되었기 때문이다.

| 소송의 나라 조선의 기틀을 마련한 세종대왕 |

조선 시대에 백성들의 송사가 많았던 이유는 비단 한글이 있어서만은 아니었다. 조선이라는 나라가 본디 백성들이 품은 억울함, 또는 원한은 해결해야 한다는 생각이 기본적으로 깔린 국가였기에 가능했다.

"여자가 한을 품으면 오뉴월에도 서리가 내린다"는 속담이 있다. 조선은 가뭄이 들면 혼인하지 못한 여인들의 원망 때문이라고 여겼기에 궁녀들을 궁 밖으로 내보내거나, 가난한 여인들에게 결혼 자금을 마련해 주었다. 물론 여성뿐만이 아니라 백성들의 원망이 많이 쌓이면 나라가 잘못된다고 믿었는데, 단지 헛된 미신만은 아니었다.

흔히 유교의 나라 조선은 계급사회이므로 양반을 비롯한 지배계층은 무소불위의 권력을 휘두르며, 피지배계층을 마구 억누른다는 편견이 있다. 권력이 있다 보니 횡포를 부리기도 했지만, 이 권력이 무조건 만능은 아니었다.

사실 조선의 왕은 절대권력자가 아니었다. 만약 정사를 보다 사관들의 기록을 멈추게 하거나 엿본다면 폭군이라는 소리를 들었고, 반정으로 갈아치워진 왕들마저 있었다. 왕부터가 이러했으니 당연히 양반이나 관리 들이 누리는 권력 또한 절대적이지 않았다. 잘못된 정치 및 다스림이 계속되어 백성들의 원망을 사게 되면 그 결과는 사발통문* 혹은 민란이었음을 우리의 역사가 증명하고 있다.

여기서 반전은 세종 때 백성을 위해 《훈민정음》이 만들었지만, 동시에 백성들이 수령을 고소하지 못하게 하는 법을 만들기도 했다는 것이다. 세종 11년이던 1427년 5월, 조선 초기를 아름답게 장식한 청백리 겸 꼰대 송골매 정승 허조許稠를 중심으로 황희黃喜,

---

* 호소문이나 격문 따위를 쓸 때에 누가 주모자인가를 알지 못하도록 서명에 참여한 사람들의 이름을 사발 모양으로 둥글게 삥 돌려 적은 통문.

변계량卞季良 등이 모여 '수령고소금지법'을 만들자고 주장했다.

> 무릇 정치하는 도리는 낮은 사람이 높은 사람을 업신여길 수 없
> 으며, 아랫사람이 윗사람을 업신여길 수 없으니, 모름지기 법금
> 法禁을 엄히 세워 그것이 커지기 전에 막아야 될 것입니다.
>
> 《조선왕조실록》, 〈세종실록〉 44권 중에서

조선은 신분제도가 있었고, 양반과 상것이 있었으며, 남녀가 유
별했던 '유교의 나라'였다. 이를 어기면 하극상으로 처벌하는 삼강
오륜이 지배한 사회였기에 하급관리나 백성들이 수령을 고소하는
것을 금지했고, 과실을 기록하고 말하는 것도 금지했다. 이 법은
허조를 비롯한 양반들이 자신의 안위를 위해 만든 것이기는 했으
나, 동시에 위계질서를 위한 것이기도 했다.

당시 중앙에서 부임해 온 수령은 지방 유지들의 입장에서는 굴
러온 돌이나 마찬가지였다. 만약 현지인과 향리들이 꽁꽁 뭉쳐 수
령을 모함하면, 그야말로 속수무책 당할 수밖에 없었다. 더군다나
세종 때는 조선 초기였으므로 지방 호족의 힘이 세던 고려의 입김
이 강하게 남아 있던 때이기도 했다. 이런 상황이었기에 세종은
수령고소금지법을 만들자는 신하들의 뜻에 따랐다. 하지만 만약
변사또 같은 악덕수령이 부임한다면 어쩌란 말인가? 세종도 이와
같은 걱정을 했다. 2년이 지난 1431년 1월, 토론 마니아였던 세종

은 신하들을 모아놓고 논의를 개최했다.

> **세종:** 아랫사람이 윗사람을 고소하는 걸 금지하면 사람들이 억울
> 하고 원통한 정을 펼 곳이 없지 않은가?
> **허조:** 만약 조금이라도 단서를 열어 두면 사람들이 앞을 다투어
> 고소하게 되어, 점차 풍속이 박하고 악하게 될 것입니다.
> **세종:** 억울하고 원통한 정을 펴 주지 않는 것이 어찌 정치하는 도
> 리가 되겠는가?

《조선왕조실록》, 〈세종실록〉 51권 중에서

송사와 고발이 넘쳐났던 조선후기의 사정을 생각하면 고소를
금지하자던 허조의 말이 틀린 것은 아니었다. 그러나 세종은 '만
약 수령이 백성들의 일을 잘못 판단했을 때 백성들이 그걸 바로
잡기 위해 청구한다면 고소가 아니다!'라는 논리로 허조에게 맞섰
다. 이처럼 조선은 신분과 차별이 강한 유교의 나라였지만 동시에
윗사람이 실수하거나 잘못할 수 있다는 것을 인정했기에 소송의
문을 열어 두었다.

조선 후기가 되면 현대로 치자면 '초보자도 소송할 수 있다! 필
요 문서 작성하기'와 같은 책인 《유서필지儒胥必知》가 인쇄되어
널리 보급되었다. 불법이긴 하지만 소장을 대신 써 주고 백성들에
게 생소한 법률을 자문해 주는 외지부(변호사)도 있었다. 또한 백

성들은 해임이나 실각 등 잘못을 저지른 권력자가 힘을 잃을 때를 기다렸다가 소송을 걸기도 했다.

고소를 할 때 가장 중요한 것은 바로 연출이었는데, 고소문은 자신의 딱한 사연과 원통함을 절절하게 서술해야 했고 격고나 격쟁을 할 때는 비통한 울음소리가 필수였다. 역대 가장 성공적인 격쟁은 허경의 격쟁이었다.

1777년 경상도 진주에서 허재라는 평민이 구타당해 죽었는데, 그 아들 허경이 한양까지 찾아와 왕의 행차 앞에서 징을 두들기며 아버지의 사건을 호소했다. 그 목소리가 크고 또 너무도 애통했기에 정조가 듣고 마음이 쓰인다고 특별히 명령을 내렸을 정도였다.

이뿐만이 아니라 몸에 상처를 내어 짜낸 피로 고소장을 쓰는 사람도 있었다. 이처럼 가장 효과적인 방법을 찾아내어 하소연하는 것이 사회적 약자들의 소송 전략이었고, 이것은 백퍼센트는 아니더라도 꽤 괜찮게 먹히곤 했다.

2장

예쁜 자식에게
매 대신
유산 하나를
더 주고…

첫 번째 전쟁
형제간의 유산 다툼

이순신은 편애로 유산을 많이 받았다?

　인간이 처음으로 불공평을 느끼는 순간은 과연 언제일까? 잘난 형제자매가 있을 때? 아니면 집단생활을 하는 순간부터? 사실 인생의 모든 것은 공평하지 않다. 그 대상이 밥상 위의 케이크 크기든, 입는 옷이든, 물려받는 재산이든 상관없다. 한정된 자원을 인원수대로 나누다 보면 언젠가 불공평해질 수밖에 없다. 억하심정이 하나둘 쌓이다 보면 머지않아 서로 머리채를 잡고 싸우게 된다. 그 대상이 가족이라 해도 예외는 없다.

　《경국대전》에서 자식들에게 남녀 구분 말고 똑같이 재산을 나눠 주라고 규정한 것도 이 때문이 아니었을까? 그러나 분명 열 손가락 깨물어 안 아픈 손가락은 없어도 더 아픈 손가락은 따로 있는 법이라, 유난히 애틋하고 사랑하는 자식이 있을 수도 있었다. 이러한 자식 편애 분야에서 선구적인 업적을 찍은 사람이 있으니, 다름 아닌 세종대왕이다.

| 세종대왕도 피해 가지 못한 편애 |

세종과 소헌왕후는 슬하에 8남 2녀를 둔 왕과 왕비였다. 그러나 가지가 많으면 바람 잘 날이 없는 법이다. 세종과 소헌왕후는 문종의 두 번의 이혼과 안평대군의 연애, 임영대군의 말썽, 광평대군의 요절로 많은 마음고생을 했다.

그렇다면 과연 이 부부가 가장 사랑한 자식은 누구였을까? 첫 번째 아들인 문종? 조선왕조실록까지 동원해서 엄마아빠가 자기를 '특별히 사랑했다'고 주장한 수양대군? 아니다. 바로 막내아들인 영응대군이었다.

영응대군은 세종과 소헌왕후의 막내아들이자 늦둥이였다. 소헌왕후는 39세에 막내를 출산했는데, 이는 조선시대 기준으로 엄청난 노산이었다. 큰형 문종과도 무려 20살이나 차이가 나는 막내였다. 소헌왕후는 자신이 영응대군을 잘 돌보지 못할까 걱정해서 자신의 비서 격이었던 신빈 김씨에게 특별히 영응대군을 부탁하기까지 했다.

세종도 막내아들을 몹시 사랑했다. 사실 서자까지 모두 합하면 영웅대군보다 더 어린 자식들도 있었지만, 가장 사랑하는 여인이 낳은 막내아들이라 특별히 귀여웠던 모양이다. 세종이 세상을 떠난 곳은 바로 영웅대군의 집이었고, 재산도 굉장히 많이 나눠 주었다. 정확히는 나눠 주고 싶어 했지만 그 뜻을 이루지 못하고 승하했다. 그러자 큰형 문종은 아버지의 뜻을 받들어 궁궐의 내탕고를 싹싹 긁어다가 영웅대군에게 주었다. 그러라고 있는 나라의 금고가 아닌 것 같지만 왕이 그런다는데 어쩌겠는가? 또 친동생인 안평대군과 금성대군을 죽인 수양대군, 즉 세조도 막내만은 사랑해서 온갖 특혜를 내렸다.

이렇듯 온 가족의 사랑을 받은 영웅대군의 부유함은 어마어마했다. 실록에 따르면 노비를 1만 명이나 거느렸다고 한다. 노비가 이 정도니 땅이나 보물은 또 얼마나 많이 물려받았을까? 물론 이 경우는 부모 및 형제들이 한 마음 한 뜻이 되어 "막내에게 잘해 주자!"라고 뭉쳤고, 왕족이었기에 형제끼리 재산 다툼 없이 조용하게 넘어간 사례라고 볼 수 있을 것이다.

| 이순신이 특별히 재산을 더 물려받은 이유 |

법이 어떻고 도덕이 어떠하든, 사실 부모가 편애하는 자식에게 재산을 더 얹어 주는 길은 얼마든지 열려 있었다. 공식적으로 분재기를 작성하기 전에도 재산을 넘겨줄 수 있었는데, 이것이 바로 별급別給이었다. 따라서 재산 중 가장 좋은 것들을 미리 편애하는 자식에게 몰아주는 방법도 얼마든지 있었다.

지금까지 남은 별급문서의 이유는 가지각색이다. 결혼을 했다거나, 자식을 낳았다거나, 과거에 급제한 것을 축하하기 위해서였다. 별급 문서 중 가장 유명한 것은 성웅 이순신 장군이 어머니 초계 변씨에게 재산을 받은 문서다.

위인전을 비롯하여 여러 사극에서도 이순신의 어린 시절은 대체로 가난하게 그려진다. 이순신이 태어난 곳은 당시에 상대적으로 가난한 사람들이 살던 동네인 마른내(현재의 서울 을지로3가역 부근)였고, 어린 시절 한양을 떠나 외가가 있던 충청남도 아산으로 옮겨 간 이유도 그렇다.

이순신의 할아버지와 아버지는 관직에 나아가지 않았으며, 두 형은 조카들을 남기고 일찍 세상을 떠났다. 그렇기에 이순신은 힘든 가정살림에도 불구하고 열심히 공부했고, 무과 시험을 보다가 말에서 떨어져 다리가 부러지는 사고를 당하면서도 포기하지 않고 도전했던 인물로 그려진다. 그렇게 낙방이라는 시련을 겪은 끝에 32세의 늦은 나이에 급제했다고 말이다.

하지만 우리는 젊은 날의 이순신을 잘못 알고 있을 수도 있다. 우선 32세란 나이는 지금도 한창의 나이이고, 당시 기준으로도 상당히 빠른 급제였다. 그보다 더 많은 나이에도 급제하지 못한 사람들이 하늘의 별처럼 많았다.

또한, 1588년의 초계 변씨의 별급문서에 따르면, 이순신의 집안은 충청도, 전라도, 황해도 등등에 땅과 노비 22명을 가지고 있었다. 이순신에게 물려받을 재산이 있었다니! 사실 이 정도 재산 규모를 두고 아주 부자라고 보기는 어려웠다. 유명한 집안들의 분재기를 보면 가진 땅만 해도 수백에서 수천 마지기를 넘나 들고, 노비도 수백 명에서 천 명에 이르렀으니까 말이다. 그래도 어쨌든 땅과 노비가 있는 정도는 되었던 것이다. 그것도 생각보다는 많이!

그럼 왜 이순신의 가족은 한양을 떠나 아산으로 갔을까? 서울에서 사는 것이 무슨 감투처럼 여겨지는 현대 사람이라면 이해가 가지 않는 선택일 수도 있지만, 조선 중기까지만 해도 처가살이는 몹시 흔했다. 더군다나 친가가 가난하고 처가가 부자라면 특히 더 그랬다.

같은 덕수 이씨이자 비슷한 시기에 살았던 율곡 이이도 파주의 아버지 집이 아니라 강릉의 어머니 집에서 태어나고 자랐으니 이순신도 비슷한 처지 아니었을까 추측할 수 있다.

여기서 재미있는 사실이 하나 있다. 이순신은 일기에서도 늘 어머니를 그리워했고, 백의종군 중에 어머니 변씨가 세상을 떠나자 너무나도 애통해했다. 그런데 아버지의 이야기는 단 한 줄도 쓰지 않았다. 이순신의 아버지 이정은 72세의 나이로 세상을 떠났기에 일찍 돌아가신 것도 아니었다. 그런데 이순신은 왜 어머니만 그리워했을까? 개인 사정이야 알 수 없지만, 이런 상상을 해 볼 수는 있다. 이순신 집안의 실질적인 가장이 어머니 변씨였다는 것이다.

이순신의 할아버지도 아버지도 벼슬길에 나아가지 않았으니 친가는 그리 넉넉하지 않았을 것이 뻔한데, 별급 문기를 보면 아주 재산이 없었던 것도 아니다. 옛날의 양반댁 마님은 실질적인 가정의 경영자로서 노비를 부려 농사를 짓고, 신공身貢*을 거두고, 염색이나 길쌈, 장사, 고리대금업 등등 다양한 일을 하며 집안을 꾸렸다. 그렇다면 이 집안의 재산은 대부분 변씨가 물려받은 것과 그가 살림을 경영해서 불려 놓은 게 아닐까 생각할 수 있다.

초계 변씨가 무슨 일을 했는지는 알 수 없지만, 이 때문에 이순신이 아버지에 비해 상대적으로 열심히 살았던 어머니를 더 애틋해하고 존경하지 않았을까?

게다가 이순신은 어렸을 때 꽤 말썽쟁이였다. 같은 동네 형이었던 류성룡은 《징비록》에서 이순신이 어린 시절 전쟁놀이에 빠져 살며 동네 사람들에게 용맹을 떨친 일화를 소개한다. 류성룡이야 세 살 아래 동생이 무엇을 해도 귀여웠겠지만, 좁은 길목에 돌담을 쌓아놓고 지나가던 어른들의 눈을 화살로 겨누어 댔던 어린이 이순신이 절대로 얌전한 어린아이는 아니었을 것이다.

그렇다면 변씨가 이순신에게 재산을 특별히 물려준 것도 더욱

---

* 노비가 주인에게 제공하는 노동력이나 물품을 뜻함.

이해가 간다. 별 볼 일 없는 집안 살림에 사랑하던 장남과 차남이 연달아 죽은 뒤, 말썽쟁이 셋째가 갑자기 정신을 차리고 무과에 급제하면 어머니로서는 이만큼 기쁜 일이 또 있을까?

정확한 사실은 알 수 없다. 이순신의 젊은 시절의 기록이 발견되기 전에는 말이다. 꼬박꼬박 일기 쓰는 습관이 하루아침에 생길 리는 없으니 또 다른 일기가 존재하지 않을까? 언젠가 충무공 이순신의 또 다른 일기가 발견된다면 역사를 좋아하는 사람으로서 이만한 기쁨이 또 없을 것이다. 물론 사생활이 공개되는 이순신 장군은 달가워하지 않을 수도 있겠지만 말이다.

초계 변씨 별급문서에 따르면 이순신이 재산을 더 많이 물려받기는 했지만, 다른 형제도 재산을 나눠 받았다. 이 정도만 해도 비교적 고르게 나누어 준 경우에 속한다. 하지만 어떤 경우 공평한 분배보다는 일부러 '가장 장래가 창창해 보이는' 자손에게 재산을 몰아주기도 했다.

앞서 이야기한 신사임당의 어머니인 용인 이씨가 바로 그런 경우였는데, 불공평하긴 하지만 다른 한편으론 양반가의 명맥을 잇기 위한 전략이기도 했다. 재산은 나눌수록 적어지게 마련이고, 어리석은 자손은 재산을 다 낭비하기 때문이다.

1537년 손중돈孫仲暾의 아내 최씨도 분급문기를 작성하며 여러 명의 손자 가운데 가장 총명했던 손광교에게 한양의 집을 물려주었다. 지금도 그렇지만 한양의 집은 돈 주고도 사기 어려울 만큼 비쌌다. 물론 최대한 공평함을 기하기 위해 큰아들 및 다른 자손들에게는 경주의 집, 땅, 노비들을 더 많이 나누어 주기는 했다.

그런데 정말 아무 이유도 없이 재산을 물려주는 경우도 있었다. 손주가 천연두를 앓다가 나은 것을 축하하며 땅과 노비를 주기도 했고, 어느 날 '재롱을 부리는 게 귀여워서'라는 이유로 재산을 물려주는 일도 있었다.

순녕군 이경검李景儉은 임진왜란 때 피난을 떠났다 돌아온 뒤, 서울의 망가진 집을 고치며 어린 딸 효숙에게 "여기가 네 집이다"라고 말했다고 한다. 그 뒤 장성한 딸에게 서울의 집을 물려주었다. 원래 말했던 집 대신 명례방(명동)의 25칸짜리 새 집을 사 주긴 했지만, 그 비싼 한양 기와집을 두 채나 사다니 역시 왕족이었다.

아무튼 인조반정 이후 순녕군은 귀양지에서 죽었고, 효숙의 남편도 효숙이 22세일 때 죽었다. 하지만 효숙은 예산에 내려가 살면서도 부모에게 물려받은 명례방의 집을 끝내 팔지 않았고, 훗날 외아들과 손주들을 모두 대과에 급제시켜 집안을 크게 일으켰다.

| 돈 앞에 추잡하기 그지없는 싸움 |

결국 법이 어떻든 재산의 주인(재주)은 어떤 핑계로든 불평등하게 유산해 주는 일이 가능했던 것이다. 그러므로 재주가 죽고 나면 남은 일은 가족끼리의 싸움이었다. 저녁 밥상에 올라온 반찬한 입을 두고 벌어진 다툼에도 원한이 남는데, 그게 돈 문제라면 더욱 깊어지기 마련이다. 피를 나눈 가족이면서도, 아니 오히려 가족이기 때문에 더욱 치열하게 싸웠다.

조선왕조실록에는 유산을 두고 다툼이 벌어진 이야기가 곧잘 기록되어 있는데, 그 중에서도 유별나게도 자세하고도 추잡한 예를 들어보자면, 바로 세종의 손자인 사산군 이호李灝가 그 누이들과 싸운 일을 꼽을 수 있다.

성종 16년인 1485년, 사산군 이호는 매부 신종호申從濩가 집안의 재산을 훔쳐 갔다고 고했다. 주장은 굉장히 구구절절했고 제대로 된 상언이라기보다는 하소연이었다. 요약하자면 '나는 착한데 누이들은 나빠요'였다. 이미 여기에서부터 나잇값 못하는 못난이의 냄새가 훅 풍기지만 꾹 참고 자세한 내막을 살펴보자.

사산군에게는 두 누이가 있었다. 그의 주장에 따르면 어머니인 연안 김씨가 병든 뒤 불교식으로 명복을 빌어 달라고 부탁했는데 누이들이 훼방을 놓았다. 그것도 모자라 종들을 시켜 집안의 보물과 재산을 빼돌렸다. 사산군의 말만 들으면 세상에 뭐 이런 불효녀들이 다 있는가 싶다. 하지만 성종의 명령으로 사건을 조사하면서 밝혀진 원인은 어머니의 편애였다.

사산군의 아버지인 의창군은 차녀 전주 이씨가 아직 어머니 태중에 있을 때 세상을 떠났다. 단 한 번도 아버지를 만나지 못한 막

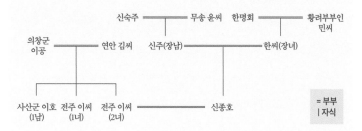

사산군-신종호 가계도

내딸을 불쌍히 여긴 연안 김씨는 자기 패물들을 막내딸에게 몰아주었다. 그러나 오빠인 사산군은 동생이 잘 되는 꼴을 못 보는 못난이였다.

사산군의 둘째 동생인 전주 이씨의 남편은 신종호였다. 그는 신숙주申叔舟의 손자이자 한명회韓明澮의 외손자라는 당대 최강의 명문 혈통이었고, 더불어 장원급제까지 했던 인재였다. 사산군은 매부인 신종호를 만날 때마다 폭력을 휘두르려 했고, 신종호는 매번 사산군을 피해 도망 다녀야 했다. 한쪽은 왕족이고 한쪽은 명문가 양반인데도 한다는 게 주먹다짐이라니 한심하기 그지없다.

결국 사산군이 왕에게 고자질하는 것으로 한심함이 하늘을 찌르게 된다. 이 지경이 되자 신종호는 임금에게 집안 사정을 자세히 밝힌 반박글을 올렸다. 자기 아내가 장모님의 편애를 받았다는 것, 또 자기가 장원급제를 한 것을 축하해서 특별히 선물을 많이 받았다는 것, 무엇보다 장모가 마지막까지 막내딸의 집, 곧 자신의 집에서 봉양을 받다가 세상을 떠났다는 사실까지 말이다.

> 이제 신의 처모는 지나치게 신의 처만을 편애하여 많은 재물을 주었으며, 또한 일찍이 굳게 사양하지 못하여서 치우치게 사랑하는 허물을 이루었으니, 사산군이 신을 헐뜯는 것도 또한 진실로 마땅하다 하겠습니다.

《조선왕조실록》, 〈성종실록〉 184권 중에서

그렇지만 진심으로 '마땅하다'고 생각했을까? 신종호는 말을 곱게 했다 뿐이지 사산군을 돌려 비난하고 있었다. 편애한 것은 장모였고, 자신은 마지막까지 장모에게 봉양했으니 진정 효도한 것은 이쪽이라는 주장이었다. 사산군은 핏줄이 왕족일 뿐이지 뒷배로 따지자면 신종호보다 못하기도 했거니와, 폭행을 시도하고 누명을 씌우기까지 했으므로 모양 빠질 일만 남은 것이다.

여기까지 알게 된 성종은 사산군을 직접 불러 사실을 물었다. 물론 사산군은 돈 때문이 아니라고 변명하며 가족들과 재산을 골고루 나누겠다고 했다. 동생에게 양보하거나 사과하겠다는 말이 없었던 것은 어설픈 음모다웠다. 하지만 이렇게 커다란 소동을 벌인 대가는 뼈아팠다.

사산군은 부모님이 물려준 재산을 모두 누이들과 똑같이 나누는 것뿐만 아니라, 혼자 챙기려고 들었던 다른 재산들도 '왕명으로' 나눠 가지게 되었다. 혹 떼려다 혹 붙이고 욕심 부리다가 자빠진 경우라 하겠다.

| 의리 넘치는 하씨 집안 이야기 |

서로 재산을 더 가지겠다고 가족끼리의 싸움도 불사하는 사람이 있었지만, 그런 와중에도 다 함께 골고루 나누고 싶어 하는 선량한 사람들이 있었다. 임진왜란 때 조선에서는 정말로 많은 사람이 죽고 다쳤으며, 일본으로 납치되기도 했다.

경상남도 진주에 살던 진양 하씨 하위보 슬하의 9남 2녀의 자식에게도 이런 비극이 찾아왔다. 이들 중 여덟째 아들 하변河忭이 일본에 포로로 끌려가게 된다. 다른 형제자매들이 백방으로 그를 수소문했지만 살았는지 죽었는지조차 알 수 없었고, 어쩔 수 없이 남은 이들끼리 모여 유산을 분배하며 화회문기를 작성했다. 이때 다음과 같은 문구를 적어 두었다.

나중에 언제라도 형제가 살아서 돌아오게 된다면, 각자의 몫을 다시 합쳐서 나누도록 처치하여 그 소유를 잃게 하지 말자.

하증 형제 화회문기 중에서

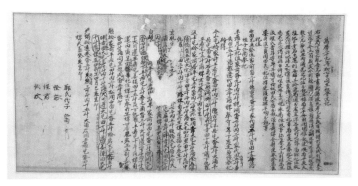

자그마치 20년이나 지난 뒤 하변은 살아서 조선으로 돌아온다. 그리고 형제자매들이 다시 한번 모였으니, 전날의 약속을 지키기 위해서였다.

> 동생 변이 정유년(1597) 왜놈에게 잡혔다가 정사년(1616)에 살아 돌아오니 형제의 기쁨을 어찌 다 말할 수 있겠는가? 이전에 나눈 토지와 노비는 다시 모여 의논해 아래와 같이 나누도록 한다.
>
> 하증 형제 화회문기 중에서

형제들은 그 약속대로 지난번 나누었던 것을 무효로 되돌리고 하변의 몫을 다시 나누었으니, 이렇게 만들어진 것이 1621년 '하증형제 화회문기'였다. 더욱 놀라운 것은 이들 하씨 형제가 동복

형제가 아니라 이복형제였다는 것이다. 전처의 자식이 후처의 자식을 차별하기는커녕 사랑하고 아끼고 자식처럼 키운 것인데, 이는 진성 하씨의 내력이었다.

내 것에 욕심을 내기보다 오히려 남에게 나누어 주려고 했던 선량한 사람은 이외에도 또 있었는데, 바로 퇴계 이황李滉의 제자 학봉 김성일金誠一이었다. 그는 큰아들 김집金潗과의 일화를 적어 남겼다. 아버지 김성일은 애초에 장남인 김집에게 재산을 더 물려주려고 하였는데, 이를 알게 될 김집이 오히려 가난한 동생들에게 먼저 주라고 사양했다는 것이다. 고집이 셌지만, 가족에게는 따스한 남자였던 김성일은 아들의 착한 심정을 기록해 남겼다. 아마 자랑하기 위해서이기도 했을 것이다.

마찬가지로 남편이 과거에 급제한 것을 축하하며 친정아버지가 재산을 주려고 하자, 이전 남자 형제들이 급제했을 때 그러지 않았다며 사양한 딸도 있었다. 이 경우도 친정아버지가 딸을 자랑하려는 기록이었지만, 어쨌든 돈을 두고 양보의 미덕을 보이는 일은 아름다우면서도 보통 사람에게는 참 어려운 일인 것이다.

서자에게
재산을 다 뺏긴
적자의 투쟁기

예나 지금이나 형제자매끼리 싸움이 벌어지는 가장 큰 원인은 재산 분배이다. 조선 왕족들도 나눌 수 없는 재산(왕의 자리)의 분배로 '왕자의 난' 같은 큰 난리를 겪기도 했다. 그러나 여기서는 왕족이 아닌 다른 집안 이야기를 해 보자.

조선 건국 공신으로 큰 권세를 누린 사람 중 한 명인 권근權近의 이야기이다. 그는 친하게 지냈던 정몽주나 정도전처럼 피바람에 휘말리지 않고 나름 편안한 인생을 살다 갔다. 권근의 아들은 네 명이었는데, 가장 출세한 자식은 둘째인 권제權踶였다. 권제는 음서로 관직 생활을 시작했지만, 글솜씨가 뛰어나 당대의 명문가名文家로 이름을 날렸고, 벼슬길도 잘 풀렸다. 업적도 많았는데, 바로 《고려사》 및 《용비어천가》의 제작에 참여한 것이다. 《조선왕조실록》의 졸기卒記[*]에 권제에 대한 평가가 실려 있다.

> 총명하고 학문이 넓으며, 말을 잘하고 시사時事를 말하기를 좋아하였다.

《조선왕조실록》, 〈세종실록〉 108권 중에서

권제의 부인은 경주 이씨 이휴李攜의 딸이었고, 최소한 6남 2녀의 자식을 두었다. 좋은 가문, 명예, 자식 복이 있는데다가 청렴하기까지 했다고 한다. 이처럼 모든 걸 다 가진 것 같은 권제의 집안에 커다란 풍파가 닥쳤으니, 바로 권제가 한 기생을 첩으로 들이면서부터였다.

권제는 첩을 너무나도 사랑한 나머지 본처를 쫓아냈다. 또한, 첩이 낳은 자식을 극진히 사랑한 나머지 본처의 자식들을 때리고 괴롭혔다. 넷째 아들인 권람權擥은 아버지의 폭력에 시달린 끝에 가출했고, 심지어 딸 하나는 아버지의 발에 걸어차여 죽었다.

《조선왕조실록》은 권제가 중요한 일을 맡았기에 자식을 살해한 일이 묻혔다고 적고 있다. 아무리 그래도 살인, 그것도 존속살해 사건인데 그럴 수 있었을까? 아무튼 조강지처를 쫓아내고 자기 자

---

[*] 사관이 나라의 중요한 인물이 죽은 뒤 사망 사실과 함께 세간의 평가나 자신의 평가를 기록한 부분.

식을 학대한 것만으로도 권제는 충분히 몹쓸 아버지였다. 그러나 여기에서 멈추지 않고 첩과의 사이에서 얻은 아들에게 재산을 모조리 몰아주어 실록에까지 그 기록이 남았다.

> 첩의 자식에게는 노비를 많이 주고, 적처의 자녀에게는 혹은 조
> 금 주거나 혹은 전혀 주지 않았습니다.
>
> 《조선왕조실록》, 〈예종실록〉 6권 중에서

그 옛날 신파 드라마 속에서나 봤을 법한, 본처의 자식인 착한 주인공을 모진 고난 속에 몰아넣는 못된 아버지의 사례였다.

아버지의 사랑을 한 몸에 받아 모든 꿀을 빨았던 첩의 아들, 곧 이복동생의 이름은 권추權揫였다. 권제는 세종 27년인 1445년 세상을 떠났는데, 이후에 벌어진 아수라장을 생각하면 아주 행복한 퇴장이었다. 이후 본처와 자식들의 생활은 꽤나 불우했을 듯한데, 적자라 해도 돈이 없으면 소용이 없기 때문이었다. 하지만 슬퍼도 울지 않고 넘어져도 일어나는 캔디와 같은 자식이 하나 있었으니, 앞서 아버지에게 걷어 차이다 못해 끝내 가출을 감행한 넷째 아들 권람이었다.

| 형제끼리 맞고소를 놓다 |

'권람'이라는 이름을 어디선가 들어봤다 싶지 않은가? 맞다. 수양대군(세조)에게 한명회를 소개시켜 준 인물이며, 본인도 계유정난癸酉靖難에 참여했던 바로 그 권람이다. 덧붙여 권람의 형제들도 김종서를 비롯한 반대 세력을 제거하는 데 큰 활약을 해서 공신 자리에 올랐다.

마침내 권람은 아버지를 능가하는 대신이 되어 끝내주게 부를 긁어모았다. 남산 아래 화려한 집을 세웠고, 어머니 이씨의 한을 풀어주듯이 초호화 잔치판을 벌였다. 그날은 왕인 세조마저 찾아와 축하했으니, 어머니 이씨는 오랜 설움을 씻어 냈을 것이다. 하지만 그런 행복도 길지 않았다. 권람은 어머니보다 먼저 세상을 떠났고, 남은 것은 이름만 가족이지 실상은 원수보다도 사이 나쁜 형제들끼리의 유산 상속 전쟁이었다.

성종 4년인 1473년, 권람의 동생이자 권제의 6남인 권경이 첩의 아들인 이복동생 권추를 고소했다. 권경의 주장에 따르면 권추가 자신의 서녀 동비를 첩으로 삼았다는 것이다. 다시 말해, 조카딸을 아내로 삼았다는 것이다. 근친상간이라니! 당연히 세상은 발칵 뒤집어졌다. 이것이 사실이라면 강상綱常◆을 뒤흔드는 문제였다. 성종은 왕명을 내려 권추와 동비를 체포해 심문했다.

◆ 삼강(三綱)과 오상(五常)을 아울러 이르는 말. 곧 사람이 지켜야 할 도리를 이른다.

먼저 동비의 어머니 동백에 대한 수사부터 시작했다. 이 여성은 권경을 포함하여 최소 세 명의 남자와 간통했다. 그래서 동비가 누구의 딸인지를 밝히기 위해 권경은 자기가 언제 동백과 그렇고 그런 짓을 했는지 세세하게 고해야만 했다. 수백 년 뒤에 이 사실을 읽는 사람이 이렇게 창피한데, 말하는 당사자나 듣는 사람, 적는 사람은 얼마나 부끄러웠을까?

아무튼 동비는 1454년에 태어났고, 아버지가 누구인지 분명하지 않았다. 하지만 권경의 어머니와 여동생 그리고 집의 종들은 모두 동비를 권경의 딸로 여겼다. 하지만 권경은 동비를 자식으로 인정하지 않았으니, 어머니 동백이 이 남자 저 남자 만나고 다녔다는 이유에서였다.

과연 동비는 누구의 딸일까? 정확하게 알 수는 없지만 가족이 모두 딸로 여긴 이유가 있지 않았을까? 예를 들자면, 누가 봐도 쏙 빼닮았다던가 하는 이유 같은 것 말이다. 물론 당대의 사람들조차 "남의 집안일을 어떻게 다 알겠냐?"라며 푸념할 정도였다.

여기서 궁금한 것은 이복동생인 권추의 머릿속이다. 가족이 모두 딸로 여길 정도면 동비를 권경의 집에서 키웠을 확률이 큰데, 그렇다면 누구인지도 알고 어릴 때도 자주 봤을 텐데 왜 첩으로 삼았을까? 가만히 생각해 보면 지어낸 이야기가 아니고 실제로 있었던 역사라는 게 참 믿기지 않을 정도이다.

아무튼, 조선 시대에는 DNA 검사가 없었고, 겉모습이나 각자의 주장만으로는 동비가 정말 권경의 딸인지 아닌지는 밝힐 길이 없었다. 대신 이 사건을 맡은 사헌부는 오랜 수사 끝에 이 모든 사건의 배후에 재산 싸움이 있다는 것을 밝혀냈다.

> 권추의 적형嫡兄 권경權擎이 오랫동안 권추와 전민田民을 다투어서 마침내 뜻을 이루지 못하자, 해를 입히려고 뜬 소문을 만들어 큰 옥사獄事를 일으켜서 친속親屬을 어지럽히고 동기同氣를 해치려고 하는 것입니다.
>
> 《조선왕조실록》, 〈성종실록〉 38권 중에서

수십 년 전 아버지 권제가 불공평하게 나누어 준 재산이 형제간에 깊은 골을 만들었고, 이것이 마침내 모함과 음모와 소송으로 이어진 것이다. 결국 임금의 명령으로 동비는 어머니인 동백의 남자들 중 한 사람이었던 김장수의 딸로 정해졌다. 그러면 나라의 근간을 흔드는 근친상간의 문제는 없어지니까. '정말 이대로 괜찮은 건가?' 싶긴 하지만 아무튼 이 사건은 이렇게 종결되었다.

| 끝나지 않은 콩가루 싸움 |

세월이 지나 예종 1년인 1469년, 형조에 다시 고발이 들어온다.

원고는 권제의 첩과 그 자식들이었다. 권제의 본처이자 권람의 어머니인 이씨가 세상을 떠나자 권제의 첩과 자식들이 재산을 내놓으라고 요구한 것이다. 권제가 죽은 지 24년이 지났고, 권람을 비롯한 대부분 형제가 세상을 떠났음에도 이들은 그때까지도 싸우고 있었다.

더 정확하게 말하자면 싸움을 쉰 적이 없다는 게 더 맞는지도 모르겠다. 아마 권제는 대부분 재산을 첩과 그 자식들에게 주려고 했을 것이다. 다만 신분제 사회인 조선에는 적자와 서자의 구분이 있었다. 그게 아니더라도 이건 본처의 자식들에게 너무 불공평하긴 했다. 그래서 형조참판 이영은李永垠은 법대로 공평하게 나누어야 한다고 주장했고, 다른 신하들도 그게 맞다고 여겼다. 그러나 이 사정을 들은 예종은 몹시 의외라는 듯 이렇게 말했다.

권제는 사람됨이 명달明達한데, 어찌 적첩의 구분을 알지 못하고 천첩賤妾을 편벽되게 가까이하여 아내를 내치고 자식을 물리쳐서, 대대로 전하는 노비를 모두 첩의 자식에게 주어 전도됨이 이에 이르렀는가?

《조선왕조실록》, 〈예종실록〉 6권 중에서

그리고 소송의 대상이 된 재산은 이씨 부인의 상을 치르는 3년 동안 첩의 자식에게 주지 말라는 명을 내렸다. 똑같이 나누라는 게 아니라 3년 뒤에 가서 나누라는 말이었다. 그러던 와중에 권씨 형제들이 첩(서모)과 이복형제에게 계속 소송을 걸었지만 패소해 왔다는 사실이 드러났다. 아무리 신분제 사회여도 한번 결정된 재산의 주인을 바꾸는 것은 몹시 어려웠던 것 같다.

앞서 보았듯 권제는 폭력적인 아버지였지만, 아무리 그래도 부모는 부모였다. 사헌부司憲府는 아버지의 결정에 반발했던 권경의 처벌을 주장했다.

> 천하에 옳지 않은 부모가 없는 것인데, 그 아비가 권추權攣에게 노비臧獲를 주었을 때에는 권경 등이 은인隱忍하여 문서에 서명하고서, 아비가 죽자 모두 차지하여 권추의 무리로 하여금 관가에 소송을 내도록 하였으니, 그 아비를 원망하는 흔적이 명백합니다.
>
> 《조선왕조실록》, 〈성종실록〉 39권 중에서

조선은 유교의 나라였기에, 아무리 어머니를 버리고 자식들에게 손찌검을 한 나쁜 아버지라 해도 자식은 그걸 따라야 했다. 아버지에게 맞서서 가출한 권람이 불효자라는 언급까지 나왔으니 오죽할까. 하지만 이렇게 수십 년 동안의 난장판을 들여다보면 모든 악의 시작은 바로 아버지 권제에게 있었다.

아무튼 아버지의 사랑과 재산을 몰아서 받은 권추는 이후 사기

사건에 참여했다가 적발되기도 했다. 나중에 함경도 갑산甲山에 살았던 걸 보면 아무래도 다른 죄를 또 저질러 귀양 간 듯하다. 결국 권제 가족의 기나긴 싸움에서 누가 승자인지는 명백하지 않고, 콩가루 가족의 역사만 길이 남게 되었다.

'척'진 사람들을 위한 고소 첫걸음

조선의 백성이라면 기본적으로 누구나 송사를 제기할 수 있었다. 이 부분에 흥미를 느껴 자료를 찾아보려고 한다면 갑자기 생소한 단어들이 마구 나와 혼란해진다. 민원과 고소와 청원이 소지 하나로 묶인 것만으로도 복잡하거니와, 우선 소지를 제출한 사람의 신분 및 어느 관청에 내느냐에 따라 문서의 이름과 종류가 복잡하게 나뉘었다. 지금부터 간단히 알고 가면 좋을 조선 시대 소송의 용어들을 알아보려 한다.

보통 양민이나 천민이 억울한 일이 생겼을 때 제일 먼저 내는 청원서는 '소지' 또는 '발괄'이라고 불렸다. 두 사람 이상이 함께하는 단체 소송은 '등장等狀'이라고 했고, 제출하는 사람이 양반이라

◀ 김홍도, '취중송사', 〈행려풍속도병〉
출처: 국립중앙박물관

면 같은 청원이래도 '상서上書'라고 부르며 임금에게 바치는 문서도 그렇게 불렀다.

소송 문서들은 원칙적으로 한문으로 써야 했다. 하지만 한글로 써도 받아 주었고, 아예 글 없이 말로 호소할 수도 있었다. 이때는 관료들이 호소인이 말하는 이야기를 한문으로 받아 적었다.

자세한 장면이 바로 김홍도가 그린 〈행려풍속도병行旅風俗圖屏〉의 '취중송사醉中訟事'에 그려져 있다. 어떠한 이유로 싸움이 붙은 사람들이 지나가는 고을 수령을 붙들고 호소하는데, 다투는 사람들의 이야기를 수령이 대동한 형방이 받아 적고 있다. 그런데 수령이고 형방이고 죄다 술에 거나하게 취한 꼴을 볼 수 있다.

조선 후기의 문인이자 화가였던 강세황姜世晃은 이 그림 위에 '술 취한 채로 부르고 쓰니 능히 오판이나 없을까?'라는 화제畫題를 썼다. 그림의 상황을 보면 아무리 봐도 공정한 판결은 어려운 상황인데, 억울하다면 고을 수령이 주취여도 붙들고 말해야만 했을 것이다.

정리해 보자. 조선 시대 때 억울한 사연이 있으면 신분고하를 막론하고 가장 먼저 소지(소장)를 작성해서 1단계로 군현의 기관장인 군수, 현감, 현령 동네 현감에게 소송을 걸 수 있었다. 만약 여기서 패소하면 그 소지를 덧붙여 2단계 상급기관인 관찰사에게 소송했다.

여기서 해결이 안 되면 마침내 서울의 형조, 의정부 등으로 올라가게 된다. 이렇게 여러 단계를 거치니 다양한 의견과 해석이 함께했고, 그러면서 판결이 공정해질 수 있었을 것이다.

그렇다 해도 억울함이 가시지 않는다면 최후의 수단은 서울로 올라와 왕이 행차할 때 꽹과리를 두들기며 격쟁을 하는 것이다. 정약용의 아들들도 아버지를 귀양지에서 풀어 주기 위해 격쟁을 했으니, 양반과 천민을 떠나 누구든 억울함을 호소할 수 있었다.

| 너와 '척'을 지겠다 |

지금도 가끔 "척을 졌다"라는 표현을 쓴다. 대부분 관계가 나빠졌을 때 쓰는 말인데, 원래는 조선 시대 때 송사에서 쓰던 법률 용어에서 유래했다. 조선 시대 역시 일상생활에서 분쟁이 생겼을 때 도저히 해결이 안 된다면 법에 호소할 수밖에 없었다.

이때 소송을 거는 원고 쪽을 원原이라고 했고, 피소를 당한 쪽을 척隻이라고 했다. 한마디로 "척진다"는 말은 조선 시대로 치면 "너를 고소하겠다"는 뜻이었다. 아무래도 원수가 될 수밖에 없는 것이다.

조선 시대의 송사는 지방 관아에서부터 시작한다. 이때 원고는 자기가 사는 지역이 아니라, 피고가 사는 지역의 관아(척재관)에 고소해야 했다. 원고의 연고지에서 소송을 할 경우, 판결을 내릴 관리가 이미 아는 사이기에 재판이 공정하지 않을 것을 염려했기 때문이었다. 그래서 아주 멀고 따로 떨어진 지역의 사람끼리 소송이 벌어지면 원고로서는 소송을 거는 것부터가 엄청나게 고된 일이었다.

그 다음으론 고소장, 그러니까 소지所志를 써야 했다. 현대의 소송도 "그냥 애가 나쁘니 혼내주세요"라고 하지 않는다. 어떤 일이 있었고, 나는 어떻고, 사정이 이렇다는 것을 논리정연하게 양식에 맞게 적되 감성적인 면으로도 어필하여 제출해야 한다. 조선 시대에도 마찬가지였다.

본격적인 재판의 시작은 소송다짐에서부터 시작했다. 소송을 건 원고(원)와 피소를 당한 피고(척) 양측은 법정, 그러니까 관아에 모여 다짐을 한다. "모년 모월 모일 우리는 이 문제로 재판을 한다!"라고 선언을 하고 난 다음에 본격적인 재판이 시작되었다. 서로 자신의 주장을 하고, 증거도 가져오고, 이를 바탕으로 법률에 따라 판결이 내려졌다.

굉장히 선진적인 것 같지만, 몇 가지 걸림돌이 있었다. 소송다짐을 하려면 피고도 관아에 나와야 하는데, 많은 재판이 그렇듯 원고 쪽은 적극적이지만 피고는 그렇지 않을 수 있다. 특히 피고 쪽이 구린 일을 했을 때 더욱 그랬다. 피고는 관아에 함께 가자는 원고의 요구를 거부하거나 아예 도망가서 숨을 수도 있었다.

그나마 천만다행으로 피고가 계속해서 출두를 거부하면 관아에서 강제 출두 명령을 내릴 수도 있었다. 만약 이때도 피고가 출석을 거부하면 친착결절법親着決折法이 적용되어 원고가 소송에서 이기게 되었다. 하지만 이렇게 판결하기까지 정말 많은 시간과 노력이 들었다.

그럼에도 이렇게 소송이 넘쳐난 것을 보면, 아무리 힘들고 고되어도 상대 하나 만큼은 반드시 단죄하겠다는 일념 하나로 이 꽉 깨물고 관아에 드나들었던 원고가 많았기 때문은 아닐까?

| 친착결절법 |

지금도 법원은 필요하긴 하지만 웬만하면 가고 싶지 않은 곳이
다. 바쁜 일상에서 군이 시간을 내어 법원을 찾아가는 것도 참 어
렵고 번거롭다. 조선 시대도 그랬다. 농번기에는 송사를 걸지 않
는다는 원칙이 있었지만, 사실 인생이라는 게 농사를 짓지 않는다
고 해도 먹고 살려면 바쁠 수밖에 없다.

양반들은 소송을 하더라도 자신이 직접 나가는 게 아니라 집의
노비를 대신 보내는 대송代訟을 했다. 양민이나 노비 들은 법은커
녕 글도 잘 모르는 경우가 많았기에 법을 잘 아는 사람을 대리로
내세우기도 했다. 이것이 바로 조선 시대의 변호사 외지부이다.
외지부에 관해서는 뒤에서 다시 설명하기로 하겠다.

게다가 조선 시대의 법정에는 한 가지 원칙이 있었으니, 앞에서
잠깐 설명한 것처럼, 처음 소송을 시작할 때 원고가 있는 곳이 아
니라 피고가 있는 지역에서 소송을 시작해야 한다는 것이다.

원고와 피고가 같은 동네에서 살다가 싸워서 소송을 거는 일이
라면 모를까, 다른 지역으로 달아난 노비를 되찾는 소송 같은 것
들을 하려면 아주 멀고도 힘든 여행길이 될 수밖에 없었다. 특히
소송을 거는 당사자가 힘이 약하고 당하는 피고 쪽이 권력자라면
더욱더 그랬다.

그러나 길은 언제나 있다. 바로 친착결절법의 존재이다. 친착이

란 재판을 하는 명부에 자신의 이름을 적는 일종의 출석부를 뜻한다. 소송이 개시된 뒤 30일 동안 재판장에 나오지 않는다면, 성실히 나온 쪽의 승소로 판결했다.

종종 21일이나 28일 만에 결정된 예도 있었다. 16세기 경주에 있었던 다물사리의 소송은 처음에 원고가 자신만만하게 재판을 시작했다가, 나중에 형세가 불리해지자 원고는 숨고 피고가 적극 나서서 승소로 이끌었던 사례였다.

조선 시대의 법정도 가장 중요한 것은 역시나 증거였다. 사극을 많이 보았다면 다짜고짜 곤장을 때리며 실토하라고 윽박질렀을 것 같지만—그럴 때도 있긴 했지만—동시에 고도로 발달한 증거 검증 과정 및 재판의 제도가 마련되어 있었다.

앞서 말한 대로 원고와 피고는 함께 소송다짐을 한 뒤 재판을 시작한다. 각자의 주장을 말하고, 논박을 하며, 여러 증거를 제시한다. 재산을 두고 벌어진 다툼이나 땅 문제라면 땅문서, 노비 문제라면 분재기, 그리고 관청에서 제대로 인정받은 입안 문서가 있으면 된다.

증거는 재판을 하는 관리는 물론 원고와 피고 모두가 확인했다. 그런 뒤 확실한 증거로 인정되면 원고와 피고 모두가 서명 혹은 도장을 찍었으니 이것을 착명着名이라고 했다. 만약 자신에게 불리한 증거라면 위조되거나 조작되었다고 주장하며 착명을 거부하기도 했다. 실제로 조작된 증거도 많았다. 그 외에도 재판을 맡은 관리가 특정 편을 든다고 의심되면 재판 장소를 바꿀 수 있는 이첩移牒 제도도 있었다. 이런 제도들을 통해 조선 시대의 재판 제도가 대단히 높은 수준으로 발달해 있었음을 알 수 있다.

자신의 권리와 자유를 지키기 위해 힘든 싸움을 마다하지 않았던 옛날 사람들에게 박수를 보낸다. 재산을 좀 더 먹겠다고 피터지게 싸운 경우도 있긴 하지만, 어쨌든 그것 역시 자신의 권리이지 않겠는가?

| 삼도득신법 |

일단 재판이 시작되면 오랜 시간과 고생 끝에 결송(판결)이 났다. 그러나 결과가 맘에 들지 않을 때도 있다. 그래서 다시 재판해 달라고 요청하는 의송議送이라는 제도가 있었다. 요즘으로 치면 항소抗訴와 같다.

하지만 여기에도 한도는 있었으니, 바로 삼도득신법三度得伸法이었다. 이미 세 번 승소한 문제에 대해서는 다시는 소송하지 않을 것이 그 내용이다. 현대의 '지방법원→고등법원→대법원' 순서의 항소 단계처럼 '지방 현감→관찰사→형조'로 이어지는 단계를 뛰어넘어 소송할 수 없다는 원칙도 있었다.

그러나 원칙이 늘 지켜지지 않는 게 현실이다. 다물사리의 소송

이기도 한 16세기 여주 이씨의 노비 소송에서는 의송이 무려 11차
례나 거듭되었다. 이외에도 재판이 미처 시작하지도 않았는데 똑
같은 소송을 여러 차례 거는 경우도 있었다. 그러다 보니 결송에
"이렇게 소송을 넣으면 안 된다"라는 꾸중이 들어 있기도 했다.

항소의 방법 중에는 북을 치고 꽹과리를 치며 높으신 분(임금)에
게 하소연하는 격쟁도 있었다. 이것은 그야말로 한풀이의 장이었
는데, 이 때문에 왕의 행차가 사극에서 보는 것처럼 웅장하고 엄
숙한 행렬이 아니라 전국 각지에서 몰려들어온 억울한 사람들이
우르르 몰려들어 징을 치며 소리를 지르는 시장판이었다.

하지만 모든 사람이 억울했던 것은 아니다. 격쟁의 사례들을 돌
아보면 누가 봐도 잘못한 일인데도 억울하다고 우기는 사람들이
있었다. 임금의 도장인 어보를 위조했거나, 남을 구타했거나, 나
라의 돈을 왕창 떼어먹었다거나, 심지어 과거시험에서 부정행위
를 저질러 벌을 받았는데 그걸 용서해 달라는 격쟁도 있었다.

원래 격쟁은 다음 네 개의 항목에만 가능했다.

① **적첩분별:** 적처와 첩을 분간해야 할 때
② **형륙급진:** 형벌을 자기자신이 받게 되었을 때
③ **양천변별:** 양인과 천민을 분별해야 할 때
④ **부자분별:** 아버지와 아들 사이임을 밝혀야 할 때

순조 10년이던 1810년 9월, 정약용의 아들 정후상丁厚祥은 징을 두들기며 18년 동안 귀양생활을 하던 아버지가 고향에 돌아올 수 있게 해 달라고 간청했다. 순조는 신하들의 반대에도 불구하고 이를 허락했다. 덕분에 늙은 실학자는 자신의 고향 마현(남양주)으로 돌아와 여생을 보낼 수 있게 되었다. 이것은 격쟁이 좋게 쓰인 예이고, 전혀 억울하지 않은 사안에도 징이 울릴 때가 많아 이 때문에 처벌을 받았다는 기록도 많이 남아 있다.

| 사인하는 법 |

지금이야 전자서명과 바이오인증이 많이 쓰이지만, 수십 년 전만 해도 인감도장이 몹시 중요했다. 집 계약이나 그만큼 중요한 계약을 할 때 꼭 필요한 도장이었고, 그래서 인감을 훔쳐가 집을 팔아 버린 파락호 자식의 이야기도 곧잘 있곤 했다. 조선 시대에도 법적인 효력을 가지는 도장이 있었는데, 그 사람의 신분과 성별에 따라 달라졌다.

조선 시대의 양반 남성들은 서명, 그러니까 한자를 흘려서 쓰는 수결手決을 했다. 태조 이성계도, 율곡 이이도 재산과 관련된 문서에 수결을 했고 지금까지도 남아 있다. 하지만 이것도 얼마든지 위조할 수 있었다.

오성과 한음 중 오성으로 유명한 이항복은 자신이 수결해야 할 문서가 너무 많자 그냥 붓으로 한 일一 자만 그었다고 한다. 그럼에도 위조된 문서를 곧잘 찾아냈다. 하지만 입증이 어려웠다. 이항복의 수결이 워낙 특징이 없었기 때문이다. 그런데 알고 보니 꾀 많은 이항복이 자신이 직접 한 수결에 바늘 구멍을 뚫어 놓았기에 진위를 밝혀 낼 수 있었다고 한다. 조금 믿기 어려운 일화이긴 하다. 너무 바빠서 수결도 간단히 했는데 언제 바늘 구멍을 뚫고 있었겠는가?

한편, 양반 여인들은 자신을 증명하기 위해 도장을 찍었다. 여성에게도 친정 혹은 시댁의 재산을 나눠받는 분재기에 참여하거나, 소송을 하거나, 종들에게 일을 시키거나, 각종 영수증을 받는 등 각양각색의 서류를 처리하는 데 증명이 필요했기 때문이다. 언제나 꼭 그런 것은 아니었지만, 양반 여성은 대부분 서명을 써야 할 장소에 도장을 찍었다.

글을 알지 못하는 양인이나 천민들은 어떻게 했을까? 우선 한글로 자기 이름을 적었다. 지금까지 남은 고문서 중에서 노비들이 양반 상전이 부탁한 일을 수행하며 서툴게 자기 이름을 적은 게 남아 있다(붓을 잡는 게 익숙하지 않았을 것이므로 서툴 수밖에 없다).

그 외에 중요한 계약 문서는 손바닥을 올려놓고 외곽선을 붓으로 그렸다. 이것은 수촌手寸이라고 했다. 나름 특색이 있어서 엄지손가락만 그리거나, 손가락을 모아서 그리거나, 손가락을 펼치

거나, 아니면 손가락 마디마디를 그리기도 했다. 아주 희귀하게는 손바닥에 먹을 발라 찍은 손바닥 도장도 있었다.

3장

상속으로 얽히고설킨 양반댁 콩가루 싸움

—

두 번째 전쟁
친척 간의 유산 다툼

장화와 홍련은 부자라서 미움받았다?

이제 꽤 많이 알려지긴 했지만, 고전소설 《장화홍련전》의 주인공인 장화와 홍련은 실존했던 사람들이었다. 그들은 1556년 즈음 평안도 철산에서 살았던 배 좌수의 딸들이었다. 여기서 잠깐, 배 좌수는 성은 배씨가 맞되 맡은 직책이 '좌수'였던 인물이었다.

배 좌수는 전처 장씨에게서 장화와 홍련을 얻었고, 전처가 죽은 뒤 허씨와 결혼해서 아들들을 얻었다. 이후는 소설에서 그랬던 것처럼 장화가 혼인하기도 전에 아이를 가졌다 낙태했다는 누명을 쓴다. 그렇게 집안의 명예를 더럽혔다는 이유로 아버지와 이복남동생들에게 살해당한 뒤 자살로 위장당하고, 동생 홍련은 실의에 빠져 자살했다. 이후 장화홍련 자매의 유령이 매일 밤마다 마을의 사또를 찾아가 민원을 제출한 것이냐… 하면 사실 그건 아니다.

이 사건을 심상치 않게 본 사람이 있었는데, 바로 당시의 철산 부사였던 전동흘全東屹이었다. 그리고 시작되는 것은 드라마 〈전설의 고향〉이 아니라 조선판 과학수사 〈CSI〉였다. 전동흘은 가족의 반대를 뚫고 장화의 시체를 검시했는데, 이때 활용한 것이 바로 《신주무원록新註無寃錄》이었는데, 한마디로 설명하자면 살인사건 발생 시 사체를 조사하는 방법에 대한 지침서였다.

면밀한 조사를 통해 장화는 아이를 낳은 적도 없었고, 낙태했다던 아이는 껍질 벗긴 쥐라는 것이 확인되었으며, 무엇보다 장화는 입고 있던 치맛단에 많은 돈을 숨겨 두고 있었기에 자살하려던 것은 아니라고 판단했다. 수사가 진행되면서 밝혀진 것은 역시 돈 때문에 일어난 살인사건이라는 사실이었다.

실제 배 좌수의 가정 형편이 어땠는지는 알 수 없지만, 소설 속 배 좌수는 수백 마지기*의 땅을 가지고, 부리는 노비도 100명이 넘는 부자로 나온다. 원래 그 재산은 배 좌수의 전처 장씨의 것이고, 전처가 죽은 지금 그 재산을 물려받을 수 있는 것은 전처의 자식인 장화와 홍련뿐이었다. 장화와 홍련이 살아있는 한 허씨 부인이나 그의 아들들에게는 장씨가 남긴 재산의 상속 권한이 없었다! 그래서 생전에 재산 문제로 허씨와 자매 사이의 다툼이 잦았다.

❖ 논밭 넓이의 단위. 한 마지기는 볍씨 한 말의 모 또는 씨앗을 심을 만한 넓이로, 지방마다 다르나 논은 약 150~300평, 밭은 약 100평 정도이다.

실제 장화와 홍련 사건에는 또 하나 중요한 인물이 있었으니, 바로 외삼촌이었다. 비록 소설에는 등장하지 않지만 실존했던 외삼촌은 조카들과 자주 소식을 주고받았으며, 누이(장화와 홍련의 어머니)의 재산에도 촉각을 곤두세웠다. 조카인 장화와 홍련이라면 모를까 생판 남인 허씨와 그 아들들이 재산을 가져가는 꼴은 도저히 볼 수 없었을 테니 당연하다. 허씨 부인이 자매들을 모함한 배경에는 이런 복잡한 이해관계가 얽혀 있었다.

아무튼 조선의 명탐정 전동흘의 수사 아래 장화와 홍련이 억울하게 죽임당한 사정이 명명백백하게 드러나고, 주범인 허씨 부인은 물론이거니와 종범인 배 좌수와 아들들도 처벌을 받게 된다. 이후 이 이야기가 유명해지자 소설로도 만들어져 전국으로 널리 퍼지는데, 신기하게도 정작 사건을 해결한 전동흘의 활약은 홀랑 잊히고 장화와 홍련이 주인공이 되었다. 지금 남은 《장화홍련전》의 가장 오래된 판본은 전동흘의 자손이 의뢰해 만들어진 것인데도, 여기에서도 주인공은 장화와 홍련이다.

심지어 전동흘이 양어머니의 거짓 증언을 깨뜨리지 못하자 자매의 원혼이 또 찾아와 진실을 알려주는 이본異本마저 있다. 어쩌면 조선 시대 사람들은 명탐정이나 명재판관보다는 자신(민원인)이 직접 사건을 해결하는 쪽에 감정을 이입했던 게 아닐까? 그래서 이 소설의 제목이 《전동흘전》이 아니라 《장화홍련전》이 된 게 아닐지 조심스럽게 추측해 본다.

| 자식 없이 죽은 딸의 재산은 누구의 것? |

조금 더 현실적인 유산 이야기를 해 보자. 상속 권한을 가진 장화와 홍련이 죽은 뒤 재산은 어떻게 되었을까? 조선의 국법에 따르면 물려받을 자손이 없는 재산은 속공屬公*하게 되어 있다. 다시 말해, 전처의 남편인 배 좌수가 재산을 관리할 수는 있지만, 그가 죽으면 상속자가 없어지므로 국가가 차지하는 것이었다. 물론 고스란히 나라로 넘어가도록 내버려 두는 사람은 별로 없었다.

광해군 시대의 사람인 전라도 남원에 이유형李惟馨이라는 사람이 살았다. 그의 첩 변조이는 재산이 많았으나 자식이 없었기에 남편의 적손자인 이기준에게 재산을 물려주었다. 이때 작성한 문서에는 재산뿐만 아니라 신세한탄도 적혀 있다. 그에 따르면 변조이의 아버지에게는 적자가 없었고 미처 물려받지 못했던 재산으로 노비가 800명 가까이 있었는데, 적사촌들이 소송으로 다 빼앗아 갔다고 한다.

> 적사촌 다섯 남매들이 이를 차지하고자 서로 다투고, 오촌조카들이 모두 사손使孫이라고 주장하며 소송을 벌이지 않은 사람이 한 사람도 없다.
>
> **이유형 첩 초계 변씨 분급 문기 중에서**

---

* 임자가 없는 물건이나 금제품, 장물 따위를 관부(官府)의 소유로 넘기던 일.

변조이가 문서를 작성한 것도 욕심 많은 친척들 때문이었다. 이기준은 비록 변조이의 자식은 아니었지만 태어나자마자 어머니를 잃어 변조이가 직접 키운 정이 있었다. 그래서 죽기 전 부모에게 물려받은 노비 38명, 땅 50마지기, 유리잔, 신선로, 소, 말 같은 재산과 직접 사 놓은 땅들을 양손자에게 모두 물려주려 한 것이다.

이 문서의 제일 마지막에는 '훗날 내 친정 후손 중에서 이 재산에 다른 말을 하거든 이 문서를 가지고 법정에 가서 바로잡을 일이다'라고 적혀 있다. 이 문구는 상속 문서의 관용구긴 하지만, 각별한 원한과 아쉬움이 깃든 듯하다. 변조이에게 친정의 친척들은 아버지의 재산을 빼앗아 간 원수들이나 다름없었기 때문이다.

이렇듯 자식 없는 부자의 재산을 노리고 소송하는 일은 거의 조선 시대의 일상이었다. 이 때문에 장화와 홍련의 재산, 좀 더 정확히는 물려받을 자식이 없는 장씨 부인의 재산이 어떻게 될지는 두 가지 정도의 방향이 있었다.

| 1. 외삼촌이 배 좌수에게 소송 걸기 |

첫 번째 방법은 외삼촌이 상속받는 것이다. 원래 그 재산은 장씨 집안 것이니 상속자가 없어진 재산을 되돌려 달라고 할 수 있었다. 실제로 이와 비슷한 사례가 생기기도 했다.

1560년 경주에서 최득충·손광헌 간에 소송이 벌어졌다. 먼저 최세온의 여동생 최씨가 경주 손씨의 손중돈에게 시집을 갔다. 여동생 최씨는 결혼하며 토지, 노비 등등 재산을 나누어 받았다. 조선시대만 하더라도 여성이 결혼하면서 가져간 재산은 시댁 재산에 합쳐지지 않았고, 여성이 재산의 주인으로써 맘대로 팔거나 남에게 물려줄 수 있었다.

그러나 여동생 최씨가 자식을 낳지 못하고 죽었다. 이때 여동생 최씨의 재산을 어떻게 해야 할까? 최씨 집안의 입장에서 최고의 해결 방안은 최세온의 딸 최씨가 손씨 집안과 결혼해서 고모인 최씨의 재산을 물려받는 것이었다.

덕분에 족보는 좀 복잡하게 되었지만 재산 문제는 얼추 해결된 것처럼 보였다. 두 최씨 부인들이 모두 자식 없이 세상을 떠나기 전까지는…. 최세온의 딸 최씨가 경주 손씨의 손광서와 결혼을 하면서 자기 몫의 재산을 가져갔는데, 마찬가지로 딸 최씨 역시 자식을 낳지 못하고 죽었다. 이후 그의 재산이 남편 손광서에게 돌아갔다. 손광서는 후처 경주 김씨와 결혼했고, 그 사이에 여러 자식을 얻었으며, 죽은 최씨가 남긴 재산을 후처와 자식들에게 나누어 주었다. 최세온은 손씨 집안에 재산을 돌려 달라고 요청했고, 손씨는 거절했다. 마침내 경주 손씨와 화순 최씨 사이에 법정 싸움이 벌어지게 된다.

이 사건을 다룬 결송입안(소송 문서)은 자그마치 6.5미터의 길이

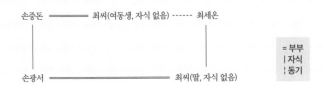

경주 손씨-화순 최씨 가계도

를 자랑한다. 그만큼 치열하고 말 많은 싸움이었음을 나타낸다.
원고 최세온은 손씨 집안이 부인들(여동생, 딸)이 죽은 뒤 처가에 찾
아오지도 않고 박정하게 굴었다고 주장하며, 인연이 끊어졌으니
재산을 돌려 달라고 요구했다. 최세온의 심정이 이해가지 않는 것
은 아니지만, 뒤집어 보자면 최씨 집안으로서는 그런 인정에 호소
하는 길 밖에 없었다. 반대로 손씨 집안에게는 법과 근거가 있었
다. 조선의 첫 번째 법전인 《경국대전》의 〈형전刑典〉의 '사천私賤'
에는 이런 법조항이 있다.

> 자식이 없이 죽은 부인前母 의 재산은 의義자녀에게 5분의 1을 주
> 고, 제사를 잇는 자식에게 3분을 더해 준다.
>
> 《경국대전》, 〈형전〉, 사천조 중에서

비록 피 한 방울 이어지지 않은 사이라 해도 남편의 자식이라면
어쨌거나 자식이었기에 재산을 물려받을 수 있었다. 심지어 집안

의 계승자라면 재산의 주인이 어떻게 유서를 쓴다고 해도 상관없이 재산은 물려받을 수 있었다. 왜냐고? 제사를 지내니까! 조선은 유교의 나라였으니까!

뿐만 아니라 손씨에게는 문서도 있었다. 이번 다툼의 근원이 되었던 최씨의 재산 중 일부는 여동생인 최씨 부인이 살아생전에 특별히 손자인 손광서에게 물려주었고 공증까지 받아 두었던 것이다. 다시 말해, 재산의 소유권은 이미 손광서에게 넘어간 뒤였으므로 마음대로 처분하거나 후처에게 주는 데 아무 문제가 없었다. 그러므로 판결은 확실히 최씨에게 불리했다.

남은 것은 노비였다. 두 최씨 부인이 친정에서 데려온 노비는 대략 30명이었다. 이들 중 일부도 살아생전 여동생 최씨가 손광서에게 물려준 것은 손씨 집안의 재산으로 인정되었다. 그 외에 남은 노비 15명은 최씨 집안이 돌려받았다. 아예 패소한 것보다는 남는 게 있었지만, 최세온으로서는 기대 이하의 성과였을 것이다.

이런 판결이 내려진 것은 생전에 여동생 최씨가 재산을 물려준 뒤 공증을 받아놓은 탓이었다. 공증의 중요성이 현대와 크게 다르지 않음을 보며, 다시 한번 조선의 행정을 우습게 보면 안 된다는 사실을 알 수 있다. 장화와 홍련의 경우, 만약 장씨 부인이 살아생전 유언서를 작성했다면 장화와 홍련에게만 재산을 나누어 줬을 것이다. 그렇다면 외삼촌이 유산을 물려받을 가능성이 높아지지만, 바로 그렇기 때문에 다음의 경우가 존재한다.

조선사 쩐의 전쟁

| 2. 아빠가 재혼해 자식을 낳고 재산권 주장하기 |

두 번째 방법을 듣자마자 "이게 무슨 소리냐!" 하겠지만 이것도 판례가 있다. 1583년 경상도 영덕군 영해에서 벌어진 재령 이씨와 안동 김씨 사이의 재산 소송이었다. 재령 이씨 가문의 이애는 안동 김씨 김당의 딸과 혼인했다. 그러나 결혼한 지 10달 만에 김씨 부인이 세상을 떠났고, 당연히 자식도 없었다. 그리하여 죽은 김씨 부인의 재산은 친정아버지 김당이 돌려받았다. 이후 이애는 재혼을 하고 자식을 두었는데, 이 자식이 이함李涵이었다.

장성한 이함은 안동 김씨 집안을 상대로 소송을 벌였다. 바로 40년 전 죽은 '어머니' 안동 김씨의 재산을 자신이 상속하게 해 달라는 소송이었다. 물론 이함은 김씨 부인이 죽은 뒤에 태어났지만, 남편인 이애의 자식이었으므로 법적으로는 자식이었다. 한마디로 이함은 김씨 부인의 의義자식으로서 의義어머니인 김씨의 재산을 상속하겠다고 한 것이다.

당연히 안동 김씨 집안에서는 돌려줄 수 없다고 반발했다. 지난 40년 동안 김당의 제사 때도 사위인 이애가 오지 않았다고 주장했다. 이거야 뭐 사실일 수도 있겠다. 부인이 정 붙일 사이도 없이 죽어버렸으니 처갓집을 찾아가 봐야 어색했을 테고, 재혼도 했으니 더욱 찾아가기 껄끄러운 사이가 되었을 것이다. 안동 김씨 집안으로서는 자식 없이 죽은 외로운 가족의 혼이 행여 굶을까 계속해서 김씨의 제사를 지내 왔으니 한편으로는 그게 또 측은하기도 하다.

아무튼 이 소송의 핵심은 계승권 및 재산이 누구에게 돌아가는 것이 맞느냐 하는 문제였다. 안동 김씨 집안이 이런 시시콜콜한 사연을 언급한 것은, 앞서 최득충-손광현의 소송처럼 감정에 호소해서 우위를 점하려는 마음도 있었을 것이다. 사실 안동 김씨 입장에서 보면 부인이 죽고 나서 40년이나 처가에 발도 안 들인 사위의 배다른 자식에게 내 딸의 재산을 물려준다니 말도 안 되는 소리라고 여길 수밖에 없는 상황이기는 했다.

확실히 이 주장은 설득력이 있긴 했다. 그러나 이함에게는 나라의 형법, 앞서 소개한 《경국대전》의 상속법이 있었다. 이함은 법정에서 당당하게 "나는 전모前母(아버지의 전처)의 법적 후계자이다! 그러므로 전모의 재산을 물려받을 수 있다!"라고 고할 수 있었다. 게다가 이함이 전모의 조카들이 아니라 안동 김씨의 종손에게 소송을 걸었기 때문에 자칫하면 단순한 재산 싸움을 넘어 가문 간의 전쟁이 될 수도 있었다. 그러나 의외로 이 소송의 끝은 다소 평화로웠다. '의사촌'들끼리 합의했기 때문이었다. 물론 재산은 나누었다. 안동 김씨 측은 이함에게 죽은 의儀어머니 김씨의 제사를 받들기 위해서라는 이유로 노비 5명을 건네주며 마무리되었다.

이 사례로 미루어, 장화와 홍련의 경우 만약 배 좌수가 세 번째 결혼을 해서 자식을 얻은 뒤 그 자식들이 이복자매인 장화와 홍련의 제사를 받든다는 이유를 들면 재산을 물려받을 수도 있다는 것이었다.

사실 장화와 홍련의 경우는 이들이 죽은 뒤 재산은 국가에 귀속되거나 다시 친정인 장씨 집안으로 돌아가게 되었을 것 같지만, 앞에서 말한 것처럼 배 좌수가 재혼을 해서 자식을 낳게 된다면 그 자식이 전처의 제사를 이어받는다는 명분으로 장화와 홍련 몫의 재산을 차지할 수 있었다. 《장화홍련전》의 이본을 보면 허씨 부인이 처형된 뒤 배 좌수는 세 번째 결혼을 하는데, 그게 해피엔딩을 위해서가 아니라 재산 상속을 위해서라고 생각하면 그럴 듯하다.

이본에서는 세 번째 부인이 딸 쌍둥이를 낳았고 이 딸들이 장화와 홍련의 환생이라고 잘 포장해서 넘어가지만, 그 이면에 있는 상속법을 생각하면 자식들은 그냥 재산을 유지하기 위한 수단에 불과할 수도 있었다. 이렇게 재산을 두고 벌어진 다툼을 보다 보면 사람이 참 추악하게 느껴지지만, 요즘도 없지만은 않은 일이다.

돈 때문에
종가를 팔아먹은
양자들

유교의 나라 조선의 사람에게 가장 중요한 인생 과제는 자식을 낳아 대를 잇는 것이었다. 그 시대는 조상님의 영혼에 제사를 드리고 그 덕으로 출세하는 것이 가장 중요했던 시기다. 그래서 자식을 두지 못하면 제사가 끊어지니 크나큰 불효를 저지른 것으로 여겼다.

놀라운 사실은, 조선 초기만 하더라도 아들이 없으면 딸이 집안의 제사를 이어받을 수 있었다는 것이다. 남자와 여자의 차별은 여전히 있지만, 그래도 친자식이기 때문이다. 딸이 부모님의 제사를 받들 뿐만 아니라, 외손이 대대로 이어받기도 했다.

대표적인 외손봉사의 예는 사육신 중의 하나인 성삼문이다. 성삼문은 단종을 복위하려고 계획했지만 발각되어 본인을 포함한 집안의 모든 남자 자손이 살해당했다. 하지만 딸들은 무사했다. 박임경과 결혼한 둘째 딸 성씨는 아들 박호를 두었고, 박호는 외할아버지 성삼문의 제사를 이어받았다.

이외에도 앞서 용인 이씨가 집안의 제사를 지내 줄 손자 율곡 이이에게 한양의 값비싼 부동산을 물려 준 이야기를 소개했다 (037~039쪽 참고). 율곡 이이는 덕수 이씨였으니, 이 역시 대표적인 외손봉사라고 하겠다.

| 대를 잇기 위한 몸부림 |

조선 후기로 갈수록 자식들이 돌아가며 제사를 지내는 윤회봉사나, 친가를 대신한 외손봉사 대신 장남의 제사 계승이 많아졌다. 이 때문에 친자가 없다면 양자를 들였으며, 유산을 나눌 때 딸보다 아들에게 더 많은 재산을 물려주게 되었다. 가장 큰 이유는 윤회봉사 때문에 매번 제사를 지내는 집이 바뀌니 찾아가는 것도 힘들고, 잊어버려서 아예 오지 않는 일도 허다했던 탓이 크다.

인조 시기 남이웅南以雄의 부인인 조애중曺愛重이 남긴《남평조씨 병자일기南平曺氏 丙子日記》를 보면 딸인 조애중이 친정어머니의 제사를 직접 치렀고 이날 조카, 그러니까 친손자가 오지 않아서운해 하는 대목이 있다. 또한, 친척 중에서도 가장 잘 사는 집에 제사를 떠넘기는 경향이 생겼고, 이 때문에 가족 사이에 분란이 벌어지기도 했다.

그래서 왜란과 호란 이후의 분재기에는 '제사를 돌아가며 지내기 어려우니 딸에게는 재산을 덜 준다'라는 문구가 들어가기도 했다. 원래는 공평하게 주는 게 일반적이지만, 그렇게 하지 않으니 특이사항을 명기한 것이다. 이 특이사항이 계속 반복되다 보니 딸들의 상속권은 약화되었고, 반대로 아들의 중요성이 올라갔다.

조선 후기로 갈수록 이 문제는 더욱 중요해졌다. 아들이 없으면 생판 남에게 집안 재산을 깡그리 빼앗길 수도 있었기 때문이다. 그래서 조카뻘의 친척 남자아이를 데려와 양자로 삼는 빈도가 높아졌다. 다만 양자를 들일 때도 몇 가지 원칙이 있었다.

이를테면 남의 집 큰아들은 양자로 들일 수 없었다. 우리 집 대를 잇겠다고 남의 집 대를 끊으면 안 되기 때문이다. 하지만 워낙 손이 귀해서 이 집안과 저 집안 모두 합쳐 아이가 단 한 명밖에 없을 때가 문제였다.

정조 때의 문인 유만주劉晩柱가 이런 케이스로, 그는 본디 유한준의 외아들이었지만 유한준의 형이 자식 없이 일찍 죽었기 때문에 큰댁의 양자가 되었다. 하지만 친아버지와는 여전히 부자간으로 지내며 큰어머니를 모셨다(일기에는 '해서 어머니'라고 적었다).

| 때로는 예법보다 중요한 것 |

양자를 들이는 문제는 다산 정약용의 집안에도 벌어졌다. 정약용과 그 형들은 학술적으로나 종교적으로나 시대를 빛낸 뛰어난 인물들이었지만, 바로 그 종교와 정치적인 이유로 집안이 풍비박산 났다. 둘째 형인 정약전은 흑산도로 귀양을 가고, 셋째 형인 정약종은 온 가족이 순교했으며, 막내인 정약용은 강진으로 귀양을 가게 된다.

정약용의 둘째형이자 《자산어보慈山魚譜》의 저자인 정약전은 아들 정학초와 딸 하나를 두었는데, 정학초는 삼촌이자 '그' 정약용을 놀라게 할 만큼 대단한 천재였다. 하지만 정학초는 혼인하자마자 자식도 없이 17세의 나이로 세상을 떠났다. 사랑하는 자식을 잃은 정약전의 아내 풍산 김씨와 결혼하자마자 남편을 잃은 며느리의 슬픔이 얼마나 깊었을지 상상하기 어렵다.

때마침 친척인 정학기丁學箕의 아들이 정약용의 아들들과 함께 공부를 했다. 형수인 풍산 김씨가 그 아이를 양자로 삼고 싶어 했고, 정약용의 아들들도 그 아이를 사촌으로 삼고 싶어 했다. 정학기 역시 "원한다면 기꺼이"라며 아들을 양자로 보낼 것을 허락했다. 그러나 뼛속까지 유학자였던 정약용은 '사정은 이해가 가지만' 예절에 어긋난다며 반대했다.

정약전은 흑산도에서 맞이한 첩에게서 아들 둘을 얻었다. 서자라 해도 엄연히 친자식이 있는데 양자를 들일 필요가 없고, 양자를 들이려면 조카뻘에게서 들여야 하는 원칙을 내민 것이다. 그러자 돌아오는 것은 가족들의 편지 폭격이었다. 먼저 정약전의 아내 풍산 김씨가 시동생에게 아주 애통한 편지를 보냈다.

"아주버니여, 저를 살려주시오. 아주버니여, 저를 불쌍히 여기시오. 저를 도와주지는 못할망정 어찌하여 저에게 차마 그렇게 하십니까. 자산茲山(정약전)은 아들이 있으나 저는 아들이 없습니다. 저야 비록 아들이 있다손 치더라도 청상과부인 며느리는 아들이 없으니, 청상의 애절한 슬픔에 예가 무슨 소용이겠소. 예에는 없다 하더라도 저는 그를 데려오겠소."

자식을 먼저 보낸 어머니의 슬픔을 어떻게 측량하겠는가? 정말 불쌍한 것은 결혼하자마자 남편을 잃고 과부가 된 정학초의 부인이었다. 이 편지를 받아본 정약용은 눈물을 흘리며 할 말을 잃었다고 적었다.

그런데 당시 정약용이 받은 편지가 한 장 더 있었다. 정약용의 아내 홍씨 역시 몸져누운 와중에 남편에게 엄중한 항의 편지를 보냈던 것이다.

"다시는 예를 말하지 말고 조금이라도 인정을 살피십시오. 만약 다시 금지시킨다면 시어머니와 며느리 두 사람이 한 노끈에 같이 목을 맬 것입니다."

계속 반대하면 정약전의 부인인 김씨와 그 며느리가 함께 자살할 것이라는 말인데, 과연 정약용이 말했던 대로 홍씨는 화끈한 성격이었던 것 같다. 이것은 과연 애절한 부탁이었을까, 아니면 순순히 협조하라는 협박이었을까?

어쨌든 동서지간인 정약용의 형수와 아내가 이렇게 한 뜻으로 융통성 없는 유학 꼰대를 혼내 준 것을 보면 정말 사이가 좋았던 것 같다. 아마 남편들이 모두 귀양 간 힘든 상황을 이겨 내기 위해 더욱 정이 돈독해졌을지도 모르겠다.

이렇게 집중포화를 받게 되자 정약용은 서둘러서 형수와 부인에게 '나는 차마 막을 수 없으니 그냥 누워 있을 테고 형님과 의논해 결정하세요'라고 답장하며 한발 물러섰다. 그러나 하늘같은 형님 정약전에게 보낸 편지에는 지금까지 있었던 모든 일을 알리고, 정당한 예가 아니라고 투덜댔다.

그런데 과거라 하더라도, 세상에는 늘 좋은 사람만 사는 게 아니었다. 양자 문제 때문에 여러 사건사고도 벌어졌는데, 가장 큰 문제는 바로 상속이었다.

ㅣ 양자에게 재산을 도둑맞은 사연 ㅣ

1870년 충청도 공주 정안면 도현리에서 올라온 소지는 양자 문제 때문에 벌어진 가족들의 다툼을 기록하고 있다. 소지를 올린 사람인 정씨 부인은 신씨 가문으로 시집을 갔는데, 시부모님, 아들, 손자를 비롯해 손주며느리까지 모두 정씨 부인보다 먼저 세상을 떠났다. 그래서 시동생이 자신의 아들 신낙균의 셋째 아들을 정씨 부인에게 입양시켰다. 여기까지는 괜찮다.

정씨 부인은 이 양자를 10년 가까이 정성으로 키웠다. 그런데 정씨 부인의 남편이 세상을 떠나자, 갑자기 신낙균이 파양하고 자기 아들을 데려가 버렸다. 정씨 부인은 어쩔 수 없이 또 다른 양자를 들였는데, 고작 1년 만에 신낙균이 찾아와 새로 들인 양자를 파양하고 자신의 아들을 도로 입양하라고 했다.

정씨 부인이 거부하자 신낙균은 자신의 큰어머니이기도 한 정씨 부인을 매우 박대했다. 땔감이나 약도 챙겨 주지 않았고, 재산을 빼돌렸으며, 정씨 부인 스스로 바느질해서 마련한 땅 중 일부를 팔아다가 자신의 수의 마련 및 생활비로 쓰려고 하는 것도 반대했다.

정작 신낙균 본인은 정씨가 관리하던 문중의 땅들을 위조해 팔아 치웠고, 그 중에는 조상님의 제사를 위해 마련해 둔 봉사조(제사를 위해 마련된 재산)는 물론, 시집간 손녀를 위해 나눠 준 재산까지 포함되어 있었다.

결국 조카 신낙균이 입양과 파양을 반복한 것은 다 종가의 재산을 노린 것이라는 게 정씨 부인의 주장이었다. 아마도 사실이었을 것이다. 신낙균 본인은 선전관, 도사 벼슬을 하면서 충청도의 백성들을 '살기 어려울 정도로' 괴롭혔기에 엄하게 처벌하자는 요구가 올라올 정도로 욕심 많은 사람이었다.

다행히 이 사건을 접수한 관리가 정씨 부인의 손을 들어줬다. 신낙균은 큰어머니를 괴롭히고 조상의 제사를 끊어지게 할 뻔했으니 유교의 나라에서 가장 큰 죄, '불효'를 저질렀다. 판결문에는 '장물을 산 사람을 불러 영원히 뒷 폐단을 일으키지 않도록 해야 뜻을 이루어 흡족할 것이다'라고 되어 있는데, 이에 따르면 신낙균이 위조해서 판 땅은 거래 자체가 무효이기에 정씨 부인은 땅을 돌려받을 수 있었다.

6년이 흐른 뒤 정씨 부인은 충청도 순사또(관찰사)에게 다시 소지를 올렸다. 당시 정씨 부인은 이미 90세가 가까운 나이였지만 이번에도 손수 붓을 들어 사연을 적은 뒤 직접 관찰사가 있는 곳까지 찾아갔다. 지난 번 소송에서는 이겼지만 정씨 부인은 도저히 마음을 놓을 수 없었다. 재판 결과가 나왔음에도 신낙균 부자는 여전히 정씨 부인에게 불만을 품고 있었고 그걸 굳이 숨기지도 않았다. 이래서야 언제 다시 핑계를 대어 문중의 재산을 빼앗아 갈지 모를 일이었다.

원래는 친척이었던 정씨 부인과 신낙균 부자는 원수나 다름없는 사이가 되었고, 그들을 막기 위해서 정씨 부인은 뭐든지 할 수 있었다. 그래서 정씨 부인은 다시금 원정을 올렸다. 이미 팔린 땅, 남은 땅 모두에 입지, 그러니까 증명서를 발급해 달라는 청이었다. 신낙균은 이미 한 번 문서를 위조해서 정씨 소유의 땅을 팔아 치운 적이 있었으니 그걸 막기 위해서였다.

다 낱낱이 완문 입지를 내어 주시고 낙균의 부자에게 이런 흉계를 다시 못하도록 수표 받아주시기 바랍니다.

충청도 공주 정안면 도현리 정씨 부인 원정 중에서

앞에서도 언급한 적이 있던 입지란 조선 시대에 땅, 집, 노비 등등의 재산을 소유하고 있다는 것을 입증하기 위한 일종의 증명서였다. 지금이야 인터넷에 접속하거나 주민센터에 가면 금방 만들 수 있지만, 조선 시대에는 증명서를 받을 때마다 질지紙代라는 비용을 부담해야 했다. 땅 얼마, 집 몇 칸에 종이 한 권씩 책정되는 게 보통이었다.

정씨 부인이 가지고 있던 많은 재산을 생각하면 내야 하는 질지는 엄청났겠지만, 그는 조상들을 위한 땅도 지켜야 했고, 손녀와 그 사위를 위해 물려 줄 재산도 보존해야 했다.

정씨 부인은 관찰사가 있는 곳까지 직접 찾아가서 원정을 올렸다. 양반 부인의 외출이 그리 자유롭지 않았던 조선 시대에, 그것도 90세의 부인으로서는 정말 위태로운 걸음이었을 것이다. 하지만 정씨 부인은 그것마저도 무기로 삼았다. 그래서 원정 문서 곳곳에 자기의 나이가 90세이며 의지할 데 없는 노인이라는 것을 강조했는데, 이런 점을 어필해서 빨리 처리가 되게 하려는 의도도 있었을 것이다. 결과가 어찌 되었을지는 정확하게 알 수 없지만, 어쩐지 200년 전의 어떤 부인에게 "소송에서 꼭 이기세요!"라며 응원하고 싶은 마음이다.

| 돈 때문에 종가를 팔아먹은 양자 |

양자 중에는 엄청난 사고를 쳐서 자기 신세를 망치고 덩달아 화끈하게 집안 망신까지 시킨 양자도 있었다.

조선 후기의 인조 때 정승의 자리에까지 오른 정엽鄭曄의 후손들은 자손이 귀했는데, 마침내 현종 때인 1663년 마지막 손자가 자식 없이 세상을 떠났다. 그러자 딸들의 자식들인 외손자들의 요청으로 예조에서는 친척인 정일재鄭日宰를 양증손으로 입양하게 했다.

이게 비극의 시작이었다. 그로부터 26년이 지난 1689년 7월, 조지원의 아내 정씨 부인이 한글로 쓴 단자를 올린다. "이 몸이 바로 문숙공 정엽의 증손이옵니다!" 하고 밝히며 풀어놓는 사연은 충격적이었다. 양자로 들어온 정일재가 집안 재산을 다 날리고 마침내 조상님의 사당이 있는 집까지 팔아 치웠다는 것이다.

일당(일재의 한글 표기)이 무능하고 불초하여 전답과 노비를 한꺼번에 줄여서 없애고, 옛집에 사당만 남았는데 빈터는 사면으로 다 잘라 팔아먹고 집만 남겼다가, 갑자년에 그 집마저 팔아넘기고… 하루 아침에 사당을 모시는 터에 남이 들어오게 되니 무지한 여자의 마음이지만 망극하여 서러움을 어이 측량하며 아뢰겠습니까?

한성 남부동 조지원의 처 정씨가 예조에 올린 단자 중에서

여기에서 정씨 부인은 자신을 '무지한 여자'라고 칭하고 있지만, 정말로 그렇게 생각했다기보다는 피해자 포지션을 취해 판관을 설득하려는 전략이라고 봐야 한다.

게다가 정일재가 집을 날려 먹은 것도 처음이 아니었다. 이미 몇 년 전 똑같은 일을 저질렀고, 외손들이 모여 소송을 벌인 끝에 집을 되찾아 정일재에게 돌려준 적이 있었다. 그러나 정일재는 '또' 집문서를 가지고 나가 여필주에게 전당을 잡히고 빚을 졌다. 게다가 자기 딸을 여필주와 결혼시키겠다고 약속했는데, 말이 좋아 결혼이지 사실상 딸을 팔아넘긴 것이었다.

빛이 계속 늘고 갚지는 않자, 여필주는 사람들을 이끌고 정일재의 집, 그러니까 정엽의 고택으로 쳐들어 갔다. 정일재는 이미 도망갔고, 딸도 숨겨 뒀다. 허탕을 친 여필주는 고래고래 소리를 지르며 집을 들쑤셨고 홀로 남은 정일재의 부인에게 욕설을 퍼부었다. 그리고 마침내는 정일재 일가 사람들을 모두 쫓아내고 집을 차지했다.

과연 정일재가 왜 이렇게 많은 빚을 졌는지야 알 수 없지만, 사정이야 어떻든 정씨 부인은 조상의 사당이 빚쟁이들에게 넘어가 버렸으니 자신이 집안의 신주를 임시로라도 모실 수 있게 해 달라고 청원했다.

> 이 몸이 비록 여자이오나 문숙공 혈손이고 부모, 조부모의 사당
> 이 빈집에 남아 여씨의 욕설을 듣게 하니 이런 사정에 남녀가 다
> 름이 있겠습니까?
>
> **한성 남부동 조지원의 처 정씨가 예조에 올린 단자 중에서**

이 상소는 한글로 쓰였기에 더욱 마음이 온전히 전해진다. 그의 성이 정이었으니, 아마도 정엽의 마지막 남은 핏줄이었을 것이다. 그런데 딸이라는 이유로 부모님 제사를 모시지 못하고 집도 이어받지 못했다. 그런데다가 영 철딱서니 없는 양동생이 들어와 옛집을 다 팔아먹었으니 얼마나 분통이 터졌을까?

게다가 정씨 부인의 남편인 조지원은 이미 이 세상 사람이 아니었고 학생으로 죽었기에 출세도 못했다. 이러니 직접 한글로 청원을 써서 올릴 수밖에 없었던 것이다. 이런 주장은 조선 초기만 해도 아무 문제가 없는 일이었다. 하지만 때는 조선 후기였고, 돌아온 답변은 매몰차고 냉정했다.

> 만약 그렇게 종사를 걱정한다면 재물을 내고 집을 기부한다면 가상히 여기지 않겠는가.

한성 남부동 조지원의 처 정씨가 예조에 올린 단자 중에서

사실 불합리한 결정이었다. 정씨 부인은 정일재가 집을 날린 게 이것으로 두 번째라는 것을 명시했다. 다시 집을 찾아줘도 또 날려먹을 가능성이 대단히 높았음에도 이런 답변이 나올 수밖에 없었던 이유는 결정문에 '사당을 옮긴다면 종손을 협박한다는 혐의가 없을 수 없다'라는 내용에 있다.

정씨가 유일한 손녀이기는 했지만, 이미 현종 때 정일재가 집안을 잇는 후계자로 국가의 인정을 받았다. 아무리 형편없어도 법적인 후계자라면 다른 후손이 그 제사를 함부로 빼앗아갈 수는 없었다. 제사는 후계자로서의 의무인 동시에 권리였다.

다른 이유도 있었다. 만약 정씨가 집안 제사를 이어받게 된다면 새로운 판례가 만들어지게 된다. 그러면 조선 팔도에서 '우리도!'

라며 밀물처럼 소송들이 몰려들 수도 있었다. 하지만 정일재는 틀림없이 문제투성이인 후계자였고, 이렇게 말썽이 계속된다면 남은 길은 파양뿐이었다.

정씨 부인이 올린 단자 덕분인지 아니면 사건이 워낙 자극적이어서인지, 마침내 이 사건은 사헌부에서 다루게 되었고 "정일재가 스스로 더러운 욕을 취한 것과 여필주의 행동이 강도에 가까운 것은 다스리지 않을 수 없다"라는 기록이 남았다.

그리하여 두 사람 모두 귀양을 가게 되었는데, 이때 여필주가 이런 말을 했다.

"나는 서인이고, 정일재는 남인에게 붙었다!"

이때는 바로 숙종 15년인 1689년이었다. 그 해 4월에는 인현왕후가 폐서인이 되어 쫓겨났고 장희빈이 중전으로 책봉되었다. 그러니까 여필주는 정일재가 남인이라 자기가 억울한 일을 당했다고 우긴 것이다.

이 주장을 전해 들은 숙종은 두 가지 이유에서 화를 냈다. 첫째, 소송하는 중에 당파 이야기까지 나왔다는 것, 둘째, 이 말이 제대로 걸러지지 않고 자신에게까지 올라왔다는 것이었다.

그로부터 자그마치 19년이 지난 1708년, 정엽의 외손들이 또다시 장계를 올렸다. 후사로 들인 사람이 패란悖亂하니 파양해 달라

고 요청한 것이다. 비로소 왕은 이를 허락하고 다른 후손인 정계
장鄭啓章을 후사로 삼게 했다. 그렇다면 그 모든 사건이 벌어진 뒤
로도 오랫동안 정일재가 양자로서 있었다는 말인데 얼마나 사건
사고가 많았을지 기록이 없어도 알 법하다.

| 낳은 정, 기른 정은 모두 중요하다 |

모든 입양 가정이 이렇게 치열한 돈 싸움이 난 것은 아니었다.
명종부터 선조까지의 시기 사람인 박세현朴世賢은 원래 자식이
없어 조카인 박의장朴毅長을 데려와서 키웠다. 양자로 삼게 해 달
라고 두 번이나 상언했지만 받아들여지지 않았다. 박의장이 그의
동생 박세렴의 큰아들이기 때문이었다.

세월이 흘러 20년 뒤 박세현은 첩에게서 아들을 얻었는데, 비록
서얼이라도 친아들이었다. 게다가 당시에는 서얼허통˙이 시행되
어 서자라도 적자 취급을 받을 수 있었다. 박세현은 자신의 친아
들을 후계자로 삼고 싶었기에 박의장의 친아버지이자 자신의 동
생인 박세렴과 의논한 끝에 박의장을 파양했다.

이것만 보면 너무한 결정일 수도 있겠지만, 그동안 박의장은 장
성해서 결혼도 하고 그 어렵다는 무과에도 합격해서 기반이 탄탄

˙ 서얼이라도 과거에 응시할 수 있도록 허락한 제도.

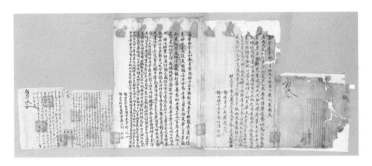

▲ **박세현 별급문기**
출처: 한국학중앙연구원 장서각 기탁 자료(기탁처: 영덕 도곡 무안박씨 무의공 박의장 종가)

히 갖춰져 있었다. 그리고 박세현은 양자를 파양하면서 재산을 나
눠 준 목록을 정리해서 별급문기를 남겼다.

> "20여 년 동안 솔양率養한 정은 부자간과 같고 은애恩愛가 무겁
> 고 크므로…."

이런 소회와 함께, 파양하긴 했지만 이제까지 박의장에게 나누
어 준 노비와 땅 등 재산을 모두 가지게 했고 그걸 입증하는 문서
를 남긴 것이다.

이 결정이 대단한 것은, 한 번 파양하면 보통 그동안 받은 재산
을 모두 내놓아야 했기 때문이다. 게다가 이미 서자라도 친자식이
생겼으니, 그 쪽에 더 많은 것을 물려주고 싶어질 수도 있었기 때
문이다. 그러니까 박세현은 정말로 박의장을 자식으로써 사랑했던

것이리라. 재산을 준 여부로 사랑을 따지는 게 야박하기도 하지만, 한편으로 아무 대가 없이 재산을 물려주는 것도 지극한 사랑 아니겠는가.

조선에서는 변호사를 쓰면 불법이었다?

현대에도 그렇지만, 법이란 일반인이 쉽게 접할 수 있는 것은 아니다. 내용도 복잡하고, 소장이나 판결문에는 특유의 문법이 있어서 뜻을 이해하는 것부터가 몹시 어렵다. 이 격식에 맞는 글을 쓰는 것은 더더욱 힘들다. 지금의 법전에 비하면 그래도 간소하지만, 조선 시대의 법전도 대단히 많은 내용이 담긴 것은 비슷했다.

조선의 첫 번째 법전은 《경국대전》이었는데, 세월이 흐를수록 사회가 발전하며 법도 더욱 세세해지고 복잡해졌다. 기존의 내용을 보충한 《속대전》, 《대전속록大典續錄》, 《경국대전주해經國大典註解》 등등 법전이 계속 만들어지며 갈수록 난해해졌다. 양반들이라면 모를까 일반 양민, 특히 천민들은 감히 송사를 걸기 어려워졌다.

예나 지금이나 수요가 있는 곳에 공급이 있는 건 똑같았다. 초보자들의 송사를 돕는 손길이 나타난 것이다. 앞에서 말한 《유서필지》라는 책은 조선 시대의 베스트셀러 중 하나였는데, 이 제목을 요즘 말로 풀어 보면 '초보자도 쓸 수 있습니다, 고소고발서! 용도별로 정리되어 있습니다!'와 같은 맥락이라고 볼 수 있다. 농담 같지만 진짜다.

이 책은 왕 및 관리들에게 청원을 올리는 상언上言, 소지, 단자單子의 사례는 물론이거니와 결송입안(판결문), 매득사출(공증문서), 이관하첩(이관)의 서식들을 수록했으며 부록에는 이두*해설도 있었다. 엄밀하게 말하자면 공문서 작성의 예를 적어 놓은 모음집이었기에 백성은 물론 양반에게까지 몹시 쓸모 있는 책이었다.

글 배운 양반이라 해도 과거시험 내용에 행정 서류 작성법 같은 건 포함되지 않기 때문에 모르는 부분이 많았다. 《유서필지》는 세상에서 벌어지는 각종 다양한 상황에 맞는 문서 작성에 도움을 주었는데, 송사 관련 내용은 그야말로 살다가 한 번쯤은 겪을 것 같은 내용들을 주로 다루었다.

- **채송債訟**: 못 받은 돈을 받기 위한 소송
- **입지立旨** 잃어버리거나 도둑맞는 등 잃어버린 땅문서를 다

◆ 한자의 음과 뜻을 빌려 우리말을 적은 표기법.

시 발급받기 위한 청원

- **구타**毆打 : 남이 자기를 때린 일의 처벌을 요청하는 청원

《유서필지》는 처음 만들어진 이래 수백 년 동안 개정되며 여러 판본으로 만들어졌고, 목판으로 대량 인쇄되어 팔렸다. 심지어 조선이라는 나라가 사라진 이후인 1911년에도 출판되었으니, 진실로 조선 시대 실용서 부문의 베스트셀러이자 스테디셀러였다 해도 절대 과언이 아니다.

비슷한 책으로 《사송유취詞訟類聚》가 있다. 이 책은 조선 전기 김백간金伯幹이 썼다고 알려져 있는데, 재판을 집행하는 관리들을 위한 책이었다. 재판에서 자주 쓰이는 법 조항을 각종 법전에서 뽑아 정리한 것이다. 요즘 식으로 말하자면 '한 눈에 보는 재판 가이드라인'이라고 할까?

조선 시대에도 사법을 담당한 '형조'가 있긴 했지만, 전문적인 재판관을 양성하지는 않았기에 판결을 내리는 건 무척 힘든 일이었다. 사실 원님이나 부사라 하더라도, 과거에 급제했다 뿐이지 법은 잘 모르는 경우가 대다수였다.

그래서 《사송유취》에는 송사 및 재판의 처리 순서를 정리한 청송식聽訟式도 실려 있고, 위조화폐를 감별하는 방법이나 화폐와 쌀, 천 같은 물품화폐의 환산 기준도 실려 있어 참으로 쓸모 있는 관리용 가이드북이었다.

| 변호사가 불법이라고요? |

그러나 아무래도 이 정도로는 부족했다. 관리나 양반이라면 모를까, 힘없고 빽도 없는 일개 백성이 고작 책 한 권 읽었다고 해서 송사를 진행하고 이기는 일은 불가능에 가까웠다. 그러나 이런 백성들을 도와주는 이들이 있었다.

요즘으로 치면 변호사와 같은 일을 하는 외지부外知部였다. 이들은 고소하려는 사람들의 이야기를 듣고 대신 소지를 작성해 주거나 때에 따라 소송의 대리인으로써 재판에 나가기도 했다. 그야말로 지금의 변호사와 똑같은 역할이었다.

그렇지만 어디까지나 존재하되 인정받지 못하는 그림자 같은 존재였다. 바깥 외外라는 글자부터가 법의 테두리에서 벗어나 있음을 뜻하는 것이었다. 성종은 이런 명을 내린 적도 있었다.

무뢰배가 항상 송정訟庭에 와서 혹은 품을 받고 대신 송사를 하기도 하고, 혹은 사람을 인도하여 송사를 일으키게 하며, 법률 조문을 마음대로 해석하여 법을 남용해서 옳고 그름을 변경하고 어지럽게 한다. 시속時俗에서 외지부라고 하니, 쟁송爭訟의 번거로움이 진실로 이러한 무리로부터 말미암는 것이므로 마땅히 엄하게 징계하여 간사하고 거짓됨을 없애야 할 것이다.

《조선왕조실록》, 〈성종실록〉 95권 중에서

'괜히 송사 과정을 복잡하고 어지럽게 만드는 무뢰배', 이것이 조선 조정이 외지부를 바라보는 시각이었다. 실제로 외지부들은 범죄자로 대우받았고, 성종 때는 외지부들을 체포하여 가족과 함께 함경도 삼수로 귀양을 보내기도 했다. 여기가 바로 그 유명한 삼수갑산三水甲山이다.

외지부들은 왜 탄압을 받았을까? 다 이유가 있었다. 수많은 분쟁 중에는 사실 송사 없이 사이좋게 합의할 수 있는 건도 일부 있었다. 하지만 한몫 챙기려는 외지부들이 "고소해 봐! 이거 무조건 이길 수 있어!" 하면서 부추기는 바람에 나날이 송사가 늘어나고 극심해진다고 여긴 것이다.

한발 더 나아가, 외지부는 증거를 위조하거나 재판을 일부러 지연시키는 등 갖은 꾀를 부렸다. 그러면서 수임료는 두둑하게 챙겼으니, 조정에서 외지부를 눈엣가시로 여긴 것도 무리는 아니었다.

| 변호사인가 사기꾼인가 |

수많은 폐해가 있어도 외지부는 사라지지 않았다. 글자 하나 제대로 모르는 약자인 백성들이 의지할 수 있는 이는 그들뿐이었기 때문이다. 그렇다면 과연 어떤 사람들이 외지부가 되었을까? 앞서 성종이 언급했던 대로 무뢰배 같은 돼먹지 않은 이들도 있었지만,

개중에는 생각보다 멀쩡한 사람도 있었다. 왜냐하면 그 시대에는 글(한문)을 읽을 수 있는 것부터가 특권이었기 때문이다. 게다가 그냥 글도 아니고 송사라면 특히 법을 잘 알아야 했다.

글을 '그냥' 쓰는 것과 '잘' 쓰는 것에는 큰 차이가 있다. 특히 법을 통해 자신의 정당함을 호소하려면 더욱 그렇다. 나의 처절한 사정을 설명해야 하고, 몹시 불쌍한 처지가 되었으며, 그래서 상대방이 나쁘다는 것을 충분히 주장해야 했으니 굉장히 난이도가 높은 글임에는 틀림없다. 한 마디로 이 소지를 쓰는 일은 현대로 치면 전문직이나 다름없었다.

많은 소지가 송사 당사자가 아닌 글을 잘 쓰는 사람들(외지부)에 의해 대신 쓰였으니, 이것이 대송代訟이다. 따라서 외지부는 글 잘 쓰고, 법도 잘 알지만, 남의 일에 참견할 만큼 한가한 사람들이 했다. 그게 누구냐? 바로 백수들이었다.

현재 기록이 남은 외지부 중 대표적인 사람은 숙종 때의 인물인 한위겸韓位謙으로, 관청의 잡무를 담당한 중인이었다. 그러면서도 투잡을 뛰었으니, '그릇된 일로 송사하길 좋아하는 것으로 업을 삼았다'고 한다. 그 외의 외지부로는 양상언, 박승창 등 선달先達이 있었다.

혹시 '봉이 김선달'이란 이름을 들어보았을까? 평양에서 서울 상인들에게 대동강 물 뜨는 권리를 판다는 사기를 친 민담의 주인공인데, 성은 김일지라도 이름은 선달이 아니었다. 선달은 본래는 과거에 급제했지만 아직 관직을 가지지 못한 사람을 일컬었다.

지금도 임용고시 등등에서 합격은 했지만 자리가 나지 않아 부임하지 못하는 일이 있듯이, 조선 후기도 마찬가지였다. 천신만고 끝에 과거에 급제했건만 임용이 되지 않아 백수가 된 사람들이 많았던 것이다.

산 입에 거미줄을 칠 수는 없으므로, 선달들은 배운 지식을 써먹는 방법을 택했다. 남의 소송에 참견하거나 대신 여러 글을 써주기도 하며 돈을 벌었다. 특히 앞서 언급한 양상언은 법조 문서에 10여 차례나 이름을 실었으니, 그야말로 재판의 전문가였다.

그 외에도 선달처럼 한문을 읽고 쓸 지식은 있지만 수입이 적은 사람, 예를 들어 동네의 훈장 같은 사람들도 외지부 일을 했다. 곡산부사를 지내던 시절의 정약용도 동네 훈장들에게 이런 불만을 터뜨린 적도 있었다.

> 살쾡이가 호랑이 행세를 하듯이, 빈번한 소장이 모두 훈장에 의해 작성된다.
>
> **정약용, 《다산시문집》, 〈문유〉 중에서**

그리고 외지부가 사건의 실증을 자세히 적지 않고 사소한 사연을 늘어놓는다며 한탄했다. 옳고 그른 것을 자세하게 밝히고 이를 토대로 따져야 하는 게 재판인데, 그저 내가 억울하고 불쌍하다는 말만 줄줄 늘어놓으니 재판관의 입장에서는 답답했을 것이다.

원래 훈장들 대다수는 글공부를 했지만 관직에 나아가지 못한 이들이었다. 어떻게든 자기가 가진 재주를 활용하기 위해 사교육, 그러니까 동네 아이들을 가르치는 일을 생업으로 삼았다. 지금처럼 스타강사가 있던 시대는 아니었지만, 조선 시대의 아이 교육은 나름의 커리큘럼도 있었고 과거를 대비한 논술 대비 훈련도 있었다.

조선 후기 경상도 고성에 구상덕仇尙德이라는 학자가 살았다. 그는 어릴 때 천재로 이름을 날렸지만 정작 과거에 급제하지 못했다. 이후에는 훈장 노릇도 하고 이웃의 공문서를 대신 작성해 주기도 하며 살았다.

한번은 동네 과부를 위해 대신 청원을 써 준 일이 있었는데, 원래 글을 잘 쓰는 사람이라 그런지 애달픈 사연을 더욱 구구절절하게 써 주었다. 앞서 정약용이 외지부들이 사실을 안 적고 감정적으로만 적는다고 푸념하긴 했지만, 이런 것들을 봐서는 소송을 건 사람들의 1차 목적은 신세 한탄이고 외지부는 그에 맞춤 서비스를 제공한 것은 아니었을까 하는 생각이 드는 것이다.

| 왕족이면서 변호사? |

외지부 서비스는 가난한 사람들을 위한 것만은 아니었다. 양반은 물론이거니와 왕족이 스스로 외지부 일을 하는 경우도 있었다. 중종 14년인 1519년, 신하들이 성종의 서자 중 한 사람인 경명군을 비판하는 일이 있었다.

> 경명군 이침景明君 李忱은 외지부의 사람을 끌어다 자기 집에 모아 놓고 송사를 좋아하니, 심히 좋은 일이 못 됩니다.
>
> 《조선왕조실록》, 〈중종실록〉 35권 중에서

이것이 문제가 되자 경명군의 한 살 위 이복형이기도 한 중종은 이해할 수 없다는 반응을 보였다. 왕자로 태어난 이상 먹고 살 걱정이 (크게) 없는데 왜 소송을 벌인단 말인가! 하지만 경명군이 벌이는 폐해가 상당했던지, 신하들은 "친애한다면 나쁜 짓을 못하게 가르쳐야 한다"고 주장했다. 즉, 왕인 중종에게 동생 단속 좀 하라고 잔소리한 셈이었다.

만약 "왕제가 정의의 변호사가 되어 어렵고 힘든 백성들을 도와주었다!"라고 하면 참으로 재미있었겠지만, 실상은 전혀 달랐다. 경명군은 주로 소송을 걸어 다른 사람의 재산을 빼앗곤 했다. 자기 부하들을 시켜 사헌부의 반대를 뚫고 나가기까지 했으니 아주 전형적인 권력형 비리라고 할 수 있다.

이처럼 왕족이 외지부 노릇을 해 대자 신하들이 처벌을 요구했지만 중종은 들어주지 않았다. 그런데 어째서 왕족들이 소송에 목숨을 걸었을까? 아마 왕족으로 태어났지만 왕이 될 수 없고, 버젓한 관직에 나갈 수도 없는 맥없고 따분한 인생이다 보니 소송 및 재산 증식에 에너지를 쏟아 부은 것은 아니었을까?

속사정은 당사자만이 알겠지만, 아무튼 그는 소송을 통해 얻은 재산으로 잘 살지도 못했다. 이후 역모에 휘말리게 된 경명군은 중종의 결사반대 덕분에 간신히 목숨을 건졌지만, 이후 집에 틀어박혀 술만 마시다 병이 들어 세상을 떠나고 말았다.

이처럼 조선 시대의 외지부는 변호사라고는 해도 악질과 사기꾼들이 가득했다. 그러나 그게 다 무슨 상관인가! 그들은 소송의 나라 조선에서 필수 불가결한 존재였다.

4장

그 노비는 어떻게 소송에서 양반을 이겼나?

세 번째 전쟁
이웃 간의 재산 분쟁

영의정은
왜 고리대금업을
했을까?

사람들은 언제나 잘 먹고 살기 위해 갖은 고생을 했다. 그 시대가 어느 때든 말이다. 고전소설로 유명한 《심청전》에서 가장 유명한 것은 역시 공양미 300석이겠지만. 여기서부터 이야기하려는 것은 심청의 어머니 곽씨 부인이다.

〈심청가〉에 따르면, 본래 심청이의 아버지 심학규는 장님도 아니고 어엿한 양반이었다. 하지만 돌연히 시력을 잃고 집안이 기울게 되는데, 이걸 지탱해 낸 것이 곽씨 부인이었다. 곽씨 부인은 앞 못 보는 남편을 대신해서 돈을 벌었다. 삯바느질을 하고, 수도 놓고, 주머니와 모자도 만들고, 천도 짜고, 이 천을 갖은 색으로 염색하고, 잔치집이나 초상집의 음식을 만들고, 술을 빚고….

그렇게 쉴 새 없이 일해서 번 돈을 밑천으로 삼아 무엇을 했는 가 했더니, 바로 고리대금업을 했다.

> 품 모아 돈을 짓고 돈 모아 양兩 만들어, 양兩 을 지어 관貫돈 되 니, 일수日收 체계遞計 장이변長利邊을 이웃집 사람들께, 착실着 實한 곳 빚을 주어 실수失手 없이 받아들이니….
>
> 《심청전》중에서

곽씨 부인의 돈 불리기는 그야말로 재테크의 정석이었다. 열심 히 일해서 모은 종잣돈을 20퍼센트의 이율로 이웃에게 빌려줬는 데, 아무에게나 빌려주는 게 아니라 빚을 잘 갚을 만한 사람을 골 라 빌려주고 제때 받아냈다. 그럼 당연히 돈이 불어날 수밖에 없 지 않은가? 하지만 이렇게 열심히 모은 돈은 아이를 낳기 위한 치 성을 드리는 데 다 써 버리고 말았다.

이후 딸 청이를 얻긴 했지만, 곽씨 부인은 갓난아이를 둔 채 세 상을 떠나고 말았다. 이후 마을 사람들 모두가 심봉사와 심청이에 게 친절하게 대해 줬는데, 그들은 아마 한때 곽씨 부인의 돈을 빌 린 사람들이었으리라.

사실 빚을 주고 이자를 받는 일은 자그마치 기원전인 춘추전국 시대에서 맹상군孟嘗君도 했을 정도로 정말로 오래된 수익 사업 이었다. 같은 이유로 고리대금업, 전당포 등은 조선 시대 여성들의 가장 주요한 돈벌이였다. 물론 아주 좋은 일은 아니었다. 조선 시대 여성들의 일생을 기록한 글에 "이자 받아내는 것을 나쁜 일로 여겨서 하지 않았다"라는 말을 칭찬으로 싣기도 했으니 안 할 수 있다면 안 하는 게 평판에 더 좋기는 했다.

하지만 많은 사람이 돈놀이에 종사했다. 충청남도 홍성에 살았던 유씨 부인의 병술일기에 따르면 이 돈놀이의 주 고객은 집안의 노비들이었다. 노비들이 오가며 "마님, 돈 좀 빌려주세요" 하며 빌려가고 나중에 이자를 붙여 갚는 식이었다. 이 정도는 그나마 푼돈이었는데, 큰돈을 주고받다가 분쟁이 생기는 일도 많았다.

《묵재일기默齋日記》를 쓴 이문건은 정치적으로 실각한 뒤 귀양지인 경상북도 성주에서 죽을 때까지 살았지만, 그의 노비 귀인손은 서울에서 살았다. 아마 그곳에 있는 이문건의 가산을 관리하는 역할을 담당했을 것이라 생각하는데, 귀인손은 주인 것 말고도 자기 재산을 불리는 데도 열심이었다.

1561년 귀인손은 자신의 돈을 못 갚은 사람을 고발해서 그의 집을 빼앗았다. 정작 주인인 이문건은 전혀 모르다가 나중에야 이 소식을 전해 들었으니, 아마 그 돈은 온전히 귀인손의 재산이었을 것이다. 실제로 양반보다도 부유한 노비들도 있었다.

또 하나 재미있는 점은 고위 관리들이 이런 고리대금업에 열심이었다는 점이다. 세종 때 영의정이었던 유정현柳廷顯은 뛰어난 경제통이자 구두쇠이자 돈놀이꾼이었는데, 국정을 전담하는 동시에 고리대금업을 하며 백성들에게서 이자를 뜯어내곤 했다. 당시는 조선 초기였기에 화폐가 널리 사용되는 대신 곡식이 화폐로 사용되었는데, 유정현은 곡식을 백성들에게 빌려주고 노비들을 시켜 칼같이 추심하게 했다.

효율을 중시했던 그는 가장 추심을 잘한 사람에게 성과급을 주었고, 그의 노비들은 빚진 집의 가마솥을 뽑아올 정도로 열심히 일했다. 덕분에 백성들은 "굶어 죽어도 영의정의 장리長利(고리대금)는 안 빌릴 것이다!"라고 외칠 지경이었다. 이처럼 결점이 많이 있었지만 유정현은 진심으로 돈을 사랑했고, 여기에는 공과 사의 구분이 없었다.

유정현은 자기의 재산뿐만 아니라 나라의 예산을 절약하는 데도 일가견이 있었고, 화폐 제도를 정착시키기 위해 70세의 나이에도 시장으로 매일 출근했으며, 돈 앞에서는 자식이든 친척이든 조금도 편의를 봐 주지 않고 공정하게 집행했다. 정승이었던 정인지鄭麟趾와 홍윤성洪允成도 고리대금업을 했으니, 성종 즈음에 와서는 "지금의 재상으로서 누가 장리를 놓지 않겠습니까?"라는 말까지 있었다.

값진 물건을 담보로 맡기고 돈을 빌리는 전당포도 있었다. 연암 박지원의 소설 《광문자전廣文者傳》에는 그때 전당포의 모습을 실감나게 묘사하고 있다.

이때 돈놀이하는 자들이 대체로 머리꽂이, 옥비취, 의복, 가재도구 및 가옥·전장田庄·노복 등의 문서를 저당잡고서 본값의 십분의 삼이나 십분의 오를 쳐서 돈을 내주기 마련이었다.

박지원, 《광문자전》 중에서

전당포에 물건을 맡기고 돈을 빌렸다가 못 갚게 되면 맡긴 물건을 빼앗기게 된다. 그럼에도 돈이 궁한 사람들은 전당포의 신세를 자주 졌고, 그중 한 사람은 실학자 서유구徐有榘의 형수이자 본인도 실학자였던 빙허각 이씨憑虛閣 李氏였다.

| 밀린 돈을 받아내기 위한 역투 |

돈을 빌리는 문제도 마찬가지로, 빌린 뒤에 갚으면 다행인데 어쩌다 못 갚을 때 문제가 된다. 큰 목소리가 오가고, 몸싸움이 벌어지고, 그래도 해결이 안 되면 소송으로 가게 되는 것이다. 여기에는 남녀의 구분도 신분의 차별도 없었다. 조선 후기 소송의 10퍼센트는 놀랍게도 여성들이 올린 것이으니까!

정조 때로 폭을 좁히면 모두 418건의 여성 소송 가운데 양인이 310건이었고, 양반이 108건이었다. 양반 여성들은 신분이 보장되고 집안이 도움을 줬지만, 양인이나 천민 여성에게 그런 원조가 없어 본인이 직접 싸울 수밖에 없어 이런 수치가 나온 것으로 생각한다.

정확한 연도는 불명이지만, 조선 후기 경기도 김포의 서조이는 돈을 갚지 않는 이웃에게 소송을 걸었다. 서조이는 일찌감치 남편을 잃고 자식도 없었지만, 생계를 위해 밤낮으로 열심히 곡식을 찧고 바느질해서 70냥을 모았다.

때마침 이웃사람 황치룡이 결혼하면서 큰돈이 필요했기에 서조이의 돈을 빌려 갔다. 그 돈 덕분에 결혼한 황치룡은 행복하게 잘살았지만 서조이에게 빌린 돈을 갚지 않았다. 아무리 돈을 갚으라고 요구해도 모르쇠로 일관했고, 결국 서조이는 관아에 소지를 올렸다.

> 그는 저의 한결같은 요청을 무시하고 꾀를 부리기만 한 것이 아니라, 제게 먹을 것조차 남겨주지 않을 정도로 무례한 태도를 보였습니다.
>
> 《고문서집성》 중에서

예나 지금이나 빌려준 돈 받으러 오는 사람이 반가울 리 없었다. 그런데 하필 가까이 사는 이웃이었던 모양이다. 그런데 황치룡은 차일피일 돈 갚는 것을 미루고 이웃끼리 음식을 나누어 줄 때도 빼놓았다. 이 정도면 돈 문제를 넘어서 괘씸하기까지 하다.

결국 서조이의 주장이 받아들여져 황치룡은 체포되었다. 아마도 서조이가 돈을 빌려주며 받아 둔 차용증이 증거가 되어 황치룡이 돈을 갚지 않는 것으로 판단된 것이 아닐까 싶다.

┃ 악덕고리대금업자를 상대하는 법 ┃

한편 앞서의 사례와 정반대로, 나쁜 빚쟁이 때문에 재산을 뜯기는 일도 있었다. 1904년 충청남도 노성에 살았던 양인 여성 백조이가 본인이 직접 한글로 쓴 소지를 전라도 여산군수에게 올렸다.

백조이가 소지를 올린 사연은 구구절절했다. 18년 전인 1886년, 백조이의 친정 가족들 사이에서 분란이 있었다. 정확히는 명시되지 않았지만, 아무래도 유산을 나누는 일 때문에 싸움이 벌어진 게 아니었을까 싶다. 왜냐하면 '부모님이 돌아가신 거우년居憂年'이라고 밝힌 내용이 있어서이다.

아무튼 이 일로 마음이 상한 백조이는 한동안 친정에 발을 끊고 지냈는데, 우연한 계기로 고향에 돌아왔다가 깜짝 놀라고 만다. 처음 고향을 떠나며 이름이 나오지 않는 동생 백씨가 먹고살도록 조금 남겨 두고 간 땅 때문이었다.

다시 만난 동생은 백조이가 남기고 간 땅을 모두 잃고 남의 집 곳간지기를 하며 힘들게 살고 있었다. 원래 백조이의 땅이었던 곳은 동네 약장수 서씨가 차지해서 갈아먹고 있었다. 사연인 즉슨, 동생 백씨가 약값을 '조금' 갚지 못해 서씨가 땅을 빼앗았다는 것이다. "어떻게 이럴 수가 있는가?" 하며 백조이는 소지에서 목 놓아 외치고 있었다.

세상에 이런 법이 있사오릿가? 약값으로 논하더라도 55냥을 주었고 또 포목으로 30냥을 주었고 그 후에 어린아이 약값 3냥 5돈은 갚지 못하였더니 남의 불행함을 알면서도 이런 근거 없는 행사를 하니 어찌 원통치 아니하겠습니까?

백조이 발괄 중에서

다시 말해, 백조이의 동생 백씨는 아픈 자식을 치료할 돈을 마련하기 위해 서씨에게 빚을 진 것이었다. 밀린 약값 중 85냥까지는 어떻게 마련했지만, 남은 3냥 5전을 못 갚았더니 서씨가 그걸 빌미로 땅을 빼앗은 것이다. 백조이는 빼앗긴 땅을 되돌려 달라고 호소하며 발괄을 마무리지었다. 이 말이 사실이라면 서씨는 남의 집 불행과 핏줄을 빌미로 어렵고 힘든 이웃에게서 땅을 갈취한 천하의 악당이었다.

덧붙이자면, 백조이의 소송은 이게 처음이 아니었다. 백조이는 이미 서씨에게 소송을 해서 이겼고, 땅을 돌려받기로 되어 있었던 것이다. 하지만 서씨가 패소 직전에 돌려주어야 할 땅을 딴 사

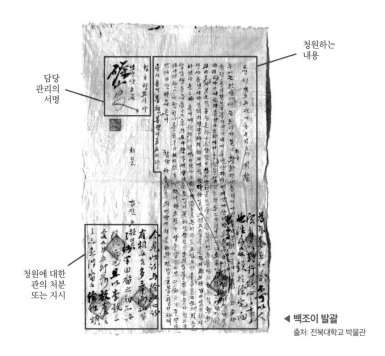

청원하는 내용

담당 관리의 서명

청원에 대한 관의 처분 또는 지시

◀ 백조이 발괄
출처: 전북대학교 박물관

람에게 팔아넘기고 돈을 챙겼다. 원래 소송이 걸린 땅을 몰래 팔아넘기는 것은 금지되어 있었지만, 악당들은 어떻게든 남을 등쳐먹는 일에 능한 법이다.

서씨의 농간으로 기껏 소송에서 이겨 되찾게 된 땅을 도로 잃게 된 백조이는 다시 약장수 서씨가 살고 있는 전라도 여산(척재관)까지 찾아와 다시 소송을 걸었고, 그게 문서로 남았다. 백조이에게는 억울하게 빼앗긴 땅을 되찾을 수만 있다면 먼 곳으로 가는 고생이야 별거 아니었을 것이다. 우리에게 남은 것은 이 소지 한 장

뿐이라 결과가 어땠을지 모르지만, 그래도 어쩐지 좋은 결과가 있었기를 바라게 된다.

당시 이런 서글프고 억울한 사연의 사람은 한둘이 아니었다. 연도는 분명하지 않지만, 강원도 춘천에 살았던 황조이도 직접 소지를 올리며 억울함을 토로했다. 오래전 그의 남편이 동네의 양반 유씨에게 돈 40냥을 빌렸는데, 이자가 너무 비싸 갚아야 할 돈이 100냥으로 불어났다는 하소연이었다.

물론《경국대전》을 비롯한 각종 법전에서는 원금을 넘는 이자를 받지 못하게 했지만, 양반에다가 악덕업자인 자가 그런 법을 지킬 리가 없었다. 유씨는 이 빚을 빌미로 황조이의 땅을 거의 다 빼앗았고, 황조이의 남편은 실의에 빠져 세상을 떠났다. 그런데도 유씨는 그들의 나머지 땅마저 빼앗으려 했고, 황조이는 소송을 걸어 승소한 덕분에 땅을 돌려받았다.

하지만 유씨는 여기에 승복하지 않았다. 황조이가 돌려받은 땅을 팔거나 소작농에게 빌려주려고 할 때마다 나타나 "이 땅은 사실 내 땅이다!"라며 훼방을 놓았다. 그러자 황조이는 자신의 재산권을 침해했다는 이유로 두 번째 소송을 걸었다. 양반을 상대로 양인 여성이 소송을 걸었다는 것도 놀랍게 들리겠지만, 심지어 이기기도 했다. 우리의 막연한 생각보다는 꽤 공정했던 법정, 그게 바로 조선의 법정이었다.

| 돈도 잃고 사람도 잃고 |

1783년 충청도 연산(지금의 논산)에는 서아기徐阿只와 아들 서덕필이 그의 동서 김일귀를 묶어 놓고 때려죽이는 살인사건이 벌어졌다. 서아기가 김일귀에게 돈을 빌렸는데, 그걸 갚지 않자 김일귀가 독촉했다는 이유였다. 고작 그런 일로 사람을 죽이냐고 한다면…. 그러게 말이다. 아무튼 이 사건으로 서아기가 감옥에 갇히자 서덕필은 부모님을 버리고 도망쳤고, 임금은 이들 콩가루 가족에게 엄벌을 선언했다.

> 그들 사이는 동서로서 서로 친척이 되는데, 돈 때문에 끝내 사람을 죽이는 지경이 되어 버렸으니, 설령 조금 용서할 만한 단서가 있다 하더라도 조정에서는 무너진 풍속을 가다듬는 도에 있어서 오히려 용서할 수 없다.

《심리록》, 제10권 중에서

1781년 초계(지금의 합천)에서도 역시 안 갚은 빚 때문에 다투다가 사람을 죽인 일이 발생했다. 돈을 갚네 마네 하는 문제로 싸우다 상대방의 뺨을 부채로 때렸는데 다음날 그 사람이 죽은 것이다. 나중에 피해자가 병으로 죽었다는 것이 밝혀져 가해자는 무죄 방면되었지만, 이것은 대단히 운이 좋은 경우였음에도 돈 문제로 벌어지는 다툼은 끊이지 않았다.

그러다 보니 '차라리 돈을 빌리고 빌려주는 일을 금지해 버리면 낫지 않을까?' 하는 생각으로 나아가게 된다. 조선 후기의 실학자이자 백탑파인 이덕무李德懋는 양반 여인들에게 돈놀이를 하지말라고 당부했다. 돈을 빌려준 뒤 나중에 이자까지 받아내야 하는데, 독촉하는 일이 거듭되다 보면 악착 같아지고, 다툼이 잦아져마침내 패가망신한다는 이야기이다.

> 돈놀이하는 것은 더욱더 현명한 부인의 일이 아니다. 적은 돈을주고 많은 이식을 취한다는 그 자체가 의롭치 못한 일이 될 뿐만아니라, 만일 약속 기일을 어기고 상환하지 않으면 가혹하게 독촉하고 악담을 마구 하게 되며, 심지어는 여비로 하여금 소송케해서 그 일이 관청 문서에 기재되게 되어 채무자가 집을 팔고 밭을 파는 등 도산하고야 마니 그 원성이 원근에 파다하게 되며, 또는 형제 친척 간에도 서로 빚을 얻거니 주거니 하여 오직 이익에만 급급할 뿐, 화목하고 돈후하는 뜻은 전혀 잃게 되는 것이다.내가 볼 때 돈놀이하는 집은 연달아 패망하니, 그것은 인정에 가깝지 못한 일이기 때문이다.
>
> 《청장관전서》, 〈사소절〉, 부의 중에서

하나하나 따져 보면 틀린 말은 아니긴 하다. 그러나 정작 이덕무 자신조차 너무도 가난하고 돈이 없어 소중한 책들을 팔아 살았다. 한번은 빚쟁이의 고소 때문에 자기 집의 여종이 옥에 갇혔고, 이를 측은하게 여긴 친구가 골동품을 빌려주어 전당포에 맡겼지만 충분한 돈을 빌리지 못하기도 했다. 상심한 이덕무는 이 궁상맞은 사연을 시로 적어 남겼다.

> 서군이 나에게 감리로를 빌려 주었으나
> 돈놀이하는 사람 천 냥을 주려 하지 않네
> 얼핏 생각하건대 구라파의 서양 풍속은
> 수염 한 가닥 잡고서 백 냥도 준다 하던데

이처럼 위대한 인물이 이토록 처참한 가난에 시달렸다니 안타깝기 그지없다. 하지만 가난은 나랏님도 구제를 못한다고, 이덕무의 가난함 역시 그러했다. 정조가 이덕무에게 규장각 검서관 자리를 내리고, 투잡을 위해 현감 자리도 주고, 고과평가도 떠먹여 주는 등 갖은 편의를 봐 주었음에도 그랬던 걸 보면 말이다.

이덕무가 죽은 뒤 정조는 내탕금에서 500냥의 거금을 내어 그의 문집 《아정유고雅亭遺稿》를 만들어 주었다. 덕분에 이덕무는 잊히지 않고 지금까지 이름이 전해지고 있다. 그럼에도 살아서 지극한 가난에 시달렸던 그의 신세가 안타깝기 그지없는 것은 어쩔 수 없다.

끝으로 연암 박지원朴趾源이 평생 가난에 시달리다가 세상을 떠난 형수 공인 이씨의 묘지명에 썼던 글을 소개한다.

동전 꿰미는 관복에 수놓은 이무기가 서린 모양도 같다. 상자를 열기만 하면 베와 비단이 쏟아지고, 쌀과 곡식이 창고에 가득 들어오기만 하면 그만일 것이다. 손으로 그것을 한 번 어루만지기만 해도 심장이 튼튼해지고 입맛이 돌아오고 다 죽어가다가도 살아날 것이니 돈이 바로 최상의 약이다.

정약용이
돈 많은
노비에게 한 말

이 책에서의 언급이 아니더라도 모두가 알겠지만, 조선 시대는 신분제 사회였다. 양반이 있고, 양인이 있고, 상놈이 있으며, 노비들이 있었다. 하지만 조선 시대의 노비들은 생각처럼 비참하지만은 않았다. 바로 그들이 개인 재산을 가질 수 있었고, 이것을 마음대로 처분할 수도 있었기 때문이다. 그래서 노비 중에는 주인의 재산과는 별도로 장사나 돈놀이를 해서 재산을 불리는 사람들이 있었고, 이 때문에 부자인 노비와 가난한 양반 주인이 실재하기도 했다.

이런 관계의 대표적인 예가 바로 다산 정약용이었다. 성균관에서 공부하던 젊은 시절, 정약용의 가족들은 집에서 키운 호박으로 죽을 쑤어 먹으며 연명했다. 마침내 남은 호박을 다 먹어 치워 꼼짝없이 굶게 되자 정약용 집의 종이 이웃의 호박을 훔쳐 왔다. 정약용은 "아무리 그래도 도둑질을 하느냐"며 종을 야단치는 부인 홍씨를 말리며 "일단 호박을 먹고 내가 이웃집에 찾아가 사과하겠다"고 했다. 그러면서 "밭 두 뙈기만 있어도", "이렇게 된 이상 금이나 캘까"라며 한탄했다.

정조 13년이던 1789년의 일이다. 정약용이 식년 문과에 2등으로 급제하며 겨우 출세하려던 찰나, 서학을 접했다는 이유로 탄핵을 받았다. 정약용은 한양을 떠나 평구平邱(지금의 남양주 와구읍)에 있는 노비 최씨의 집에서 하룻밤 묵게 되었다.

비록 노비이지만 최씨는 열심히 농사를 짓고, 채소를 키우고, 술도 빚어 팔았고, 그 자식들도 열심히 일해서 번듯하게 살고 있었다. 하지만 주인인 정약용은 빚도 있고, 땅도 없고, 게다가 탄핵까지 받아 온갖 근심걱정이 가득했다. 자연스럽게 '이거 내가 너보다 나은 게 하나도 없네?'라고 생각할 법도 했다. 정약용은 장난삼아 이 모든 내용을 시로 적었다.

종 최씨야, 너와 내가 헤어진 지 십 년인데
오늘밤에 내가 네 집에서 묵는구나
너는 지금 넓고도 환하게 집을 짓고
술 단지며 가재도구 모두가 화려하네

밭에다는 채소 심고 논에는 벼를 심고

첩 시켜 술을 팔고 자식은 배를 타며

매질하는 상전 없고 빚진 것도 하나 없이

일생을 강호에서 호탕하게 산다마는

벼슬깨나 했다는 나 내놓을 게 무엇일까

나이 사십 다 되도록 번거롭고 고생이요

천 권 책을 읽고서도 굶주림을 구할 수 없고

고을살이 삼 년에 한 치의 땅도 없어

흘겨보는 눈들만 세상에 가득하므로

초라한 얼굴 붉히며 늘 문 닫고 앉았다오

자로 재고 저울로 달아 너와 만약 다툰다면

일백 번 싸운대도 네 이기고 내 지리라

가을에 만나 순채국에 농어회를 얻어먹으며

너와 함께 분을 풀고 수치도 씻어보리

정약용, 〈평구역에서 자다〉 중에서

역시 시대를 앞서간 인물답게 마음이 너그럽다. 정약용은 자기
보다 잘 사는 노비를 보고도 시샘하는 대신 "언제 같이 밥이나 먹
자"라며 웃어넘겼다. 노비의 재산을 억지로 빼앗으려 들지 않았다
는 점에서부터 그는 대단히 선량한 양반 주인이었다.

앞서 말한 것처럼, 조선에서는 원칙적으로 노비의 사유재산은

인정되었고 주인이라 해도 함부로 빼앗을 수 없었다. 그러나 어느 시대든 마찬가지인 것처럼 꼼수는 있었고 악덕 주인들도 그걸 적극적으로 이용했다. 바로 기상記上이라는 제도였다. 원래는 노비에게 자식이 없을 때, 즉 재산을 물려줄 사람이 없을 때 주인에게 재산을 바치는 일이었다.

난중일기인《쇄미록瑣尾錄》을 쓴 오희문吳希文은 자신의 노비가 자식이 없이 죽어서 그 재산을 가지게 되어 몹시 흐뭇해하며 "살아서는 몸을 바치고 죽어서는 재산까지 바치니, 공이 큰 노비로구나!"라고 적었다.

오희문은 양반이라 해도 과거 급제도 하지 못했고, 오히려 전쟁통에 지독한 가난에 시달렸던 사람이었으니 충분히 기뻐할 만했다. 노비가 살아 있을 때 빼앗은 것도 아니니 나름 양심적인 양반이었다.

| 주인에게 재산을 착취당한 노비들 |

1540년, 안동 진성이씨 집안의 사노비 복만은 76세의 나이에 두 딸에게 재산을 나누어 주는 분급문기를 작성하면서 재산의 일부를 주인에게 바쳤다. 자식도 있는데 왜 기상을 했을까? 사실 복만의 아내가 남의 집 종이었기 때문이다. 조선의 법에 따르면 노비의 신분은 어머니를 따라간다. 때문에 두 사람의 딸들은 복만 주인의 소유가 아닌 아내 주인의 소유가 되었고, 복만의 주인으로서는 남 좋은 일만 시켜준 셈이었다. 복만은 '주인에게 미안하게 생각한다'는 이유로 자기 재산의 일부를 바쳤다. 그런데 정말 미안하게 생각했을까?

복만은 문서에 '주인에게도 자식에게 주는 만큼의 재산을 바친다'라고 적었지만, 실제론 (당연히) 딸들에게 더 많이 주었다. 딸들에게 각각 기와집 한 채씩과 밭, 가축, 과일나무, 솥 들을 최대한 공평하게 나누어 주었지만, 주인에게는 밭 3복, 논 16부, 소 두 마리 정도만을 바쳤다. 주기 싫지만 이거라도 먹고 떨어지라는 느낌이 드는 것은 기분 탓만은 아니다.

복만의 분급문기 속 유산 목록을 보면 그는 노비이면서도 상당히 많은 재산을 가지고 있었다. 주인이 탐내는 것도 당연하지 않을까? 재산 문제로 시달리던 복만이 죽기 전, 자기 재산을 최대한 딸들에게 주기 위해 문서를 작성했다는 추측이 충분히 가능하다.

조선 중기의 유학자 묵재 이문건李文楗은 조광조趙光祖가 스승이었기에 본인은 귀양을 가고 형과 조카가 처형당하는 비극을 겪었다. 그런 와중에도 손자의 육아일기인《양아록養兒錄》을 쓴 자상한 할아버지로 알려져 있다. 그러나 자기의 노비들과 돈 때문에 아주 치열하게 싸웠으니, 기묘사화己卯士禍 때 당당히 조광조의 죽음을 애도했던 대쪽 같은 유학자도 재산 앞에서는 쿨할 수 없었던 것 같다.

1551년, 이문건의 노비인 현조이는 자기 밭 한 가운데에 말뚝을 박았다. 말뚝 안쪽이 이문건의 땅이고, 말뚝 너머는 남의 땅이라고 주장해서 재산을 빼돌리려 한 것이었다. 이문건도 당하고 있지만은 않았다. 아예 관원을 데리고 가서 땅을 측량하고 현조이가 박아 두었던 말뚝을 뽑아 버렸다.

주인을 속이려 한 노비는 또 있었다. 지금의 전라북도 익산시에서 살았던 노비 막산은 세상을 떠나면서 주인인 이문건에게 자신의 땅을 바치는 기상을 했다. 앞서 말한 대로 노비는 자식이 없을 때나 주인에게 재산을 바쳤는데 막산에게는 엄연히 손자가 있었다. 그러니 분명 원해서 재산을 바쳤을 리 없었다. 막산은 주인의 뒤통수를 치는 것으로 복수를 했다.

1556년, 이문건은 죽은 막산이 바친 땅문서를 확인했다. 그러다 이미 막산의 손자가 땅을 모두 다른 사람에게 팔아 버렸다는 충격적인 사실을 알게 된다. 땅을 양반 주인 손에 넘기기 싫으니 재빨리 팔아 버린 것이다. 이문건은 막산과 그 손자가 토지 문서를 위조한 게 분명하다고 화를 냈고, 이후 소송을 제기해서 몇 년 뒤 소유권을 돌려받았다. 하지만 그것으로 끝이 아니었다.

1558년 2월, 이문건은 막산의 밭을 소봉이라는 사람의 노비 수신에게 팔았다. 조선 시대 양반들은 자신이 직접 물건을 사고파는 대신 노비들을 내세워 차명 거래를 했으니, 정말로 땅을 구입한 것은 소봉이었을 것이다. 그런데 땅문서에 기록된 밭이 실제와 달라서 수신이 항의를 했고, 이문건은 이 사실을 관아에 알린 뒤 수신과 함께 땅의 크기를 측량했다.

그랬더니 막산이 이문건에게 바친 밭 대부분이 허위였고, 실제와 맞는 곳은 단 두 곳 뿐이라는 사실이 밝혀졌다. 아마 밭의 양을 크게 부풀리거나, 일부분만 기재한 뒤 진짜는 빼돌려 손자에게 물려 주었을 것이다. 이문건은 막산이 살아있었을 때 제대로 확인해야 했다고 분통을 터뜨렸지만, 이미 늦은 때였다.

이뿐만이 아니라, 아예 도망치려는 노비도 있었다. 1561년, 이문건은 노비 석지에게 땅을 바치라고 강요했다. 석지에게는 아들이 다섯이나 있었는데, 부인이 다른 집 노비였기에 이문건의 재산이 되지 않는다는 이유였다. 하지만 석지는 순순히 재산을 바치는 대신 도망치려고 했다. 가지고 있던 재산을 모두 팔아 돈으로 바꾸기까지 했다. 하지만 이문건의 친척인 다른 양반이 석지를 붙잡았고, 어쩔 수 없이 재산을 바치게 되었다.

이 모든 일들이 비록 양반 이문건에게는 괘씸한 일들이었지만, 노비들로서는 자기 재산을 지키기 위해 갖은 수를 짜낸 것이다. 이제까지 언급한 모든 사건사고들이 이문건 한 사람에게 벌어졌음을 생각하면, 양반의 일생도 결코 호의호식하는 편안한 삶만은 아니었다는 것을 알 수 있다. 인간의 삶은 예전이나 지금이나 치열했다는 말이다.

| 노비 vs. 양반의 재산 소송 |

사실 조선 시대 노비들은 주인에게 충성스럽고 열심히 일하기보다는 주인 집 세간을 빼돌리는 데 더 열심이었고, 해야 할 일을 내팽개치기 일쑤였다. 수많은 양반이 툭하면 나태해지는 노비들을 재촉하고 딴짓하지 말라며 닦달했지만, 노비들의 꼼수를 근절할 수는 없었다.

또 다시 이문건의 노비 이야기를 해야겠다. 1554년 침곡(지금 전라북도 장수현)에는 이문건의 노비 옥선이 살았는데, 그에게는 딸 내절금이 있었다. 옥선은 죽기 전 논밭을 주인인 이문건에게 바쳤는데, 다른 사례들로 미루어 보았을 때 이것도 틀림없이 강요받았을 확률이 컸다. 그래서 딸 내절금은 옥선의 땅이 자기 것이라 주장하고 남에게 팔려고 했다.

옥선의 땅은 몹시 비옥하고 누구나 탐내는 땅이었다. 그래서 이문건은 이 땅을 포기할 수 없었다. 이렇게 되니 남은 길은 하나뿐이다. 바로 송사를 거는 것! 양반 대 노비의 소송이라니 승부가 뻔할 것 같다. 물론 양반이랑 노비가 소송을 통해 나름 평등하고 시시비비를 가려 볼 기회가 있었다는 자체가 놀랍겠지만, 이는 우리의 예상보다 훨씬 더 일상적인 모습이었다.

이때 이문건은 양반답게 연줄을 이용했다. 당시 성주목사에게 편지를 보내 내절금이 속임수를 썼다고 주장한 것이다. 양반은 신분도 있고 위세도 있어서 재판을 담당한 관원에게 직접 부탁을 할 수 있었고, 따라서 재판은 보통 양반들에게 좀 더 유리하긴 했다. 그런데 양반 이문건과 노비 내절금 사이의 소송은 놀랍게도 내절금이 이긴 듯하다!

이문건은 이 소송의 결과를 일기에 적지 않았고, 판결 문서도 남아 있지 않다. 하지만 소송 이후로도 땅 주인은 여전히 내절금이었고, 그 비옥한 땅을 사려는 사람들이 한바탕 난리법석을 벌였다. 하지만 이문건은 이 모든 일을 마치 '남의 일처럼' 일기에 적었다. 만약 소송에서 이겼다면 자기 것이었을 그 땅의 일을 말이다.

이로부터 거의 20년이 지난 1563년, 이문건은 내절금이 이문건 가문의 땅의 일부를 팔았다며 소송을 시작했다. 과연 이 땅은 그때의 비옥한 논이었을까? 이건 알 수 없다. 하여간 재판은 시작되었고, 내절금은 그 땅들이 자신의 아버지가 물려 준 것으로 증명할 문서도 있다고 주장했다. 하지만 이번에는 패소하고 땅을 빼앗겼던 것으로 보이는데, 결국 이문건이 땅문서를 발급받은 사실을 일기에 적어 놨기 때문이었다.

승소한 이문건이 이 땅에 농사를 짓고 수확을 하려고 노비들을 보내자, 내절금은 큰 소리를 지르며 온갖 훼방을 놓았다. 이런 일이 계속되자 이문건은 내절금을 관아에 신고했고, 결국 내절금이 물러나 이문건은 원하는 대로 농사를 지을 수 있게 되었다.

여기까지 보면 '이런 일도 있는데 양반이 노비를 내버려 둔다는 말인가?'라고 생각하겠지만, 계속 말한 것처럼 신분제 사회라곤 하나 조선이 그렇게까지 야만적이지는 않았다. 노비는 양반에게 마냥 순종하지 않았고, 마찬가지로 양반도 노비를 무자비하게 찍어 누르지 않았다.

어떤 양반들은 일기에다 노비들을 흉보며 몇 번이나 그들이 '밉다'고 적기도 했다. 때로는 회초리로 때리기도 했다. 그러면서도 잘못이나 속임수를 눈감아 주기도 했다. 노비가 일을 해 주지 않으면 양반은 살아갈 수가 없었기 때문에 당연한 일일 것이었다.

| 돈 때문에 몰락한 가족들의 사연 |

조선이 신분의 차이가 적기는 했으나 그 구분까지 불명확한 것은 아니었다. 이미 양반들이 노비들의 재산을 함부로 빼앗은 일들을 소개하지 않았던가? 가끔 사극에서 보는 것처럼, 화가 났다는 이유로 형벌을 가하다가 죽이는 일이 벌어지기도 했다. 노비가 아닌 양인도 양반들의 횡포에서 속수무책이었던 경우가 많았다.

1895년, 해평댁 전씨가 쓴 수표가 있다. 해평댁의 아들 전병만은 정생원이라는 사람의 돈 2냥과 곡식, 낫 한 자루를 훔쳐 도망갔다. 전병만은 정생원 집의 머슴이기도 했고, 도망친 게 이번이 처음도 아닌 말썽꾼이었다. 정생원은 해평댁을 찾아가 아들이 저지른 잘못을 물어내라고 을렀고, 해평댁은 변상을 약속했다. 살던 집을 저당 잡아 돈을 마련하고, 모자란 부분은 둘째 아들을 일 시켜 갚겠다고 한 것이다.

> (전병만이 훔쳐간) 돈과 나락과 연장 가락을 구분하여 계산하니 10냥 9돈이라, 집 한 칸은 들 품 2냥 값으로 먼저 전당하였고, 남은 8냥 1돈은 둘째 아들이 정 생원 댁에서 머슴살이를 사니 가을을 기다려 새경받아 댁의 돈을 꼭 갚기로 수표하니 일러 이것으로 알아라.
>
> **해평댁 전씨의 수표 중에서**

뭔가가 이상하다. 돈 2냥 훔쳐간 거야 그렇다 처도 곡식과 연장을 모두 다 해도 8냥이나 된다는 것은 어딘가 이상하다. 아무리 봐도 자식의 잘못을 빌미로 거하게 뜯어내려는 냄새가 아주 진하다. 다만 실제로 도둑질을 한 것은 해평댁의 아들인 것은 확실했기에 거부할 수 없었을 것이다.

수표에서 말하는 전당, 즉 담보로 내놓고 돈을 빌렸다는 집 한 칸은 아무리 생각해도 해평댁과 둘째 아들이 살고 있었던 방이었을 것으로 보인다. 급전을 마련하기 위해 어쩔 수 없는 선택이었겠지만, 자칫하면 가족 모두가 길거리에 나앉게 생긴 것이다. 물론 도둑질을 하고 도망간 전병만이 가장 나쁘고 그런 행동을 할 만큼 머슴살이가 힘들었을 수도 있지만, 덕분에 고초를 겪게 된 가족을 생각하면 뒷맛이 쓰다.

꿈도 희망도 없이 몰락의 길을 걸어간 안타까운 가족의 사연도 있었다. 1869년, 이생원 댁의 여자종 18세 족간이가 남자와 눈이 맞아 달아나 버린다. 그런데 족간이가 자주 놀러갔던 집의 주인인 임백동이 이 일에 책임을 지고 자신의 딸 문영을 족간이 대신 그 집의 여종으로 보낸 것이다. 이때 문영의 나이는 13살이었다.

족간이가 도망치도록 유인했다는 게 이유였는데, 설명이 더 없어서 자세한 사정은 알 수가 없다. 아무리 그래도 남의 종이 도망쳤다고 자기 딸을 종으로 삼게 하다니 절대 이해할 수 없는 상황이다. 아마도 양반 집안에서 임백동에게 도망친 족간이를 대신할 딸을 내놓으라고 윽박지르지 않았을까? 다만, 나중에라도 족간이를 찾게 되면 문영의 신분은 다시 양인으로 되돌리기로(속량) 약속하고 문서를 작성했다. 그러나 2년여가 지난 1871년, 또 다른 자매문서가 만들어졌다.

댁의 물 긷는 여종 족간이 나이 18세가 되어 마을의 남아와 종종 저희 집에서 놀다가 갑자기 도망쳐, 도망을 유인한 죄를 지었기에 부득이 제 딸 문영을 대신 바쳐 양역하도록 했습니다. 생원님께서 저의 사정을 살피셨으니 죄로 인하여 가속을 바쳤는데 전문 30냥을 내려주시기까지 했습니다. 실로 매우 감읍하여 여식을 영영 바친다는 뜻으로 이에 문서를 작성하니 뒤에 만약 잡담하는 이가 있으면 이 문기를 가지고 옳고 그름을 변별하시기 바랍니다.

임백동과 그의 처 오조이의 자매문기 중에서

마침내 임백동이 아예 딸을 팔아 버린 것이다. 두 번째 문서에는 아버지 임백동과 어머니 오조이의 이름이 적혀 있어, 부모가 모두 동의했다는 뜻이 되기도 했다. 아마도 족간이가 돌아오지 않았고, 대신 책임을 짐으로써 상황이 좋아지지도 않은 모양이다.

이게 끝이 아니었다. 1876년의 고문서가 한 장 더 남았는데, 여기에 기재된 임백동의 이름 앞에는 노奴 자가 붙어 있다. 마침내 임백동마저 노비 신분으로 굴러떨어진 것이다. 그런데 이 문서에서 팔아넘긴 것은 자신이 아니었다. 지난 6년 동안 농사지은 밭의 임대료를 내는 대신, 딸 분속을 팔아넘기기로 한 것이다.

처음에는 양인이었던 임백동은 자식들을 하나둘 노비로 넘기고, 자신마저 노비가 되었으며, 소작을 하면서도 살림은 더욱 가난해졌던 것 같다. 대체 어떤 이유로 임백동의 가세가 점점 기울어져 갔는지 고작 세 장의 문서만으로 다 알 수는 없긴 하지만, 시간이 흐를수록 몰락해 사람에서 재산으로 변해 가는 한 가족의 모습을 보는 것만으로도 슬퍼진다.

춘향이는
다 계획이 있었다

조선 시대의 소송을 이야기하는데 웬 춘향전인가 하겠지만, 이 만한 고발 가이드북이 따로 없다. 단옷날 광한루에서 그네를 타는 성춘향을 본 이몽룡은 첫눈에 반해서 사랑의 편지를 보내게 된다. 몇 번의 밀당을 거쳐 불타는 사랑에 빠진 이팔청춘은 만난 지 하루 만에 갈 데까지 다 가게 되는데, 문제는 다음이었다.

아버지가 한양으로 올라가게 되자 몽룡은 춘향에게 어쩔 수 없다며 이별을 고한다. 이때 춘향이는 눈물을 흘렸을까? 아니면 몽룡의 옷자락을 붙잡고 매달렸을까? 둘 다 아니다. 널 고소하겠다고 외쳤다! 조선 시대를 대표하는 고전소설이자 판소리이기도 한 《춘향전》을 보면 춘향이는 버림받은 신세를 슬퍼하며 한탄하는

대신 "내 이럴 줄 알았다"라며 대대적인 법정 소송을 준비하겠다
고 외친다.

> 이런 일이 있겠기로 처음부터 마다하지 아니하였소? 우리가 그
> 때 맺은 금석 같은 약속 오늘날 다 허사로세! 이리해서 분명 못
> 데려가겠소? 진정 못 데려가겠소? 떠보려고 이리하시오? 끝내
> 아니 데려가시려 하오? 정 아니 데려가실 터이면 날 죽이고 가
> 오! 그렇지 않으면 광한루에서 날 호리려고 명문 써 준 것이 있으
> 니, 소지 지어 가지고 본관 원님께 이 사연을 하소연하겠소.
>
> 《춘향전》 중에서

그리고 앞으로의 소송 계획을 줄줄이 읊었다. 제일 먼저 소지,
그러니까 고발문을 써서 춘향이 사는 고을의 원님(남원부사)에게
소송을 한다. 마침 춘향이에게는 명백한 증거가 있었다. 바로 이
몽룡이 광한루에서 처음 그네 타는 춘향이에게 만나자고 보낸 편
지글明文이었다. 춘향이가 이 편지를 보고 이몽룡을 만났으니, 이
렇게 사랑을 속삭인 문서는 이제 '이몽룡이 자기를 농락하고 버렸
다'는 명명백백한 증거였다. 요즘 용어로 말하면 '혼인 빙자 간음
죄'라고 할까?

하지만 춘향의 소송은 아무 성과 없이 패소할 수도 있었다. 왜
냐? 이몽룡은 양반이었고 성춘향은 퇴기의 딸이자 천민이었으니

까. 춘향이는 이걸 몹시 잘 알고 있었다. 그래서 만약 패소하면 원님에게 받은 판결문을 원래 소지 아래에 풀로 붙여서 상위 행정 단위인 전주 감영의 순사또(전주감사)에게 올려 두 번째 소송을 걸겠다고 했다. 그러나 이때도 춘향이는 불리한 입장에 있었다.

> 도련님은 양반이기에 편지 한 장만 부치면 순사또도 같은 양반이라 또 나를 패소시키거든….
>
> 《춘향전》 중에서

그래도 포기란 없다. 춘향이는 다시 한번 패소한 판결을 붙인 소지를 들고 다음에는 한양으로 올라가겠다고 말한다. 그리고 형조, 한성부, 비변사에 모두 재소송을 건다. 하지만 이몽룡은 사대부의 신분이니 이길 확률은 지극히 낮다. 그러나 춘향은 이제까지 받아온 "(패소)판결문을 모두 덧보태어 똘똘 말아 품에 품고" 구걸해서라도 바리* 하나 사고, 큰 종이 하나 사서 언문으로 "마음속에 먹은 뜻을 자세히 적어" 상언上言**을 쓴다.

그러다 임금님이 조상님들의 제사를 위해 능에 거둥할 때 백성들 무리 속에 섞여 있다가 왈칵 달려가서 바리 뚜껑을 땡땡땡 세 번 치고 자신의 사연을 호소하겠다고 선언한다. 이것이 바로 격쟁

---

* 놋쇠로 만든 여자의 밥그릇.
** 백성이 임금에게 글을 올리던 일.

이다. 당시 송사에서 이기지 못하여 도저히 억울함을 풀 수 없을 때 남녀노소 누구나 가리지 않고 벌였던 일이다. 그래도 안 되면, 그 때가 되어서야 죽어 구천의 귀신이 되어 제비로 환생해 이몽룡을 찾아갈 작정이었다. 이것이 바로 조선 사람의 근성이었다.

"이런 내용이 《춘향전》에 있었다고?" 하고 놀랄 수도 있겠지만 정말이 그러하다. 사람들이 좋아하는 연애소설에서도 이처럼 소송을 거니 마니 하는데 현실은 오죽했을까? 물론 춘향이 본인이 말한 대로 기생의 딸이자 천민이 양반에게 소송을 걸어 봐야 이길 확률은 희박했다. 예나 지금이나 세상은 힘 있는 사람에게만 유리하니까. 그래도 춘향이 같은 천민도 방에 처박혀서 이불 뒤집어쓰고 우는 대신 세상에 대고 나의 억울함을 크게 외칠 판은 마련되어 있었던 것이다.

| 소장을 똘똘 말아 품에 안고 |

모름지기 소송이란 억울함을 호소하는 것으로 끝나지 않는다. 재판이 벌어지면 이기든 지든 합의하든 어떻게든 결과가 나온다. 《춘향전》에 나온 것처럼 관청에서는 소송에 대한 판결 및 처분을 문서로 내려 주었다. 《춘향전》에서는 대충 소지라고 표현했지만, 사실 재판이 끝난 뒤 처분이 내려진 문서는 제사題辭 혹은 순 우

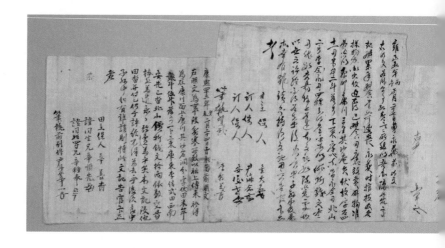

리말 발음으로 뎨김題言이라고 했다.

조선 시대에는 이걸 가지고 상위 기관에 다시 소송하는 것이 가능했다. 하지만 소송이 길어지고 내용이 복잡해진다면 문서는 점점 길어지고 많아진다. 이렇게 되면 순서가 뒤죽박죽이 되고 헷갈리게 되니 문서를 이어 붙이는데, 이걸 점련粘連이라고 했다.

이렇게 길게 늘어진 점련도 변조 혹은 위조의 가능성이 있었기에 관청에서는 모든 내용을 확인한 뒤 문서 이곳저곳에 관인을 찍어 주었다. 그렇게 여러 차례 점련하다 보면 《춘향전》에 나오듯이 "똘똘 말아 품에 안을 정도"로 소송 문서가 길어지게 마련이었고, 어떤 소송 문서는 그 길이가 자그마치 30미터에 달하기까지 했

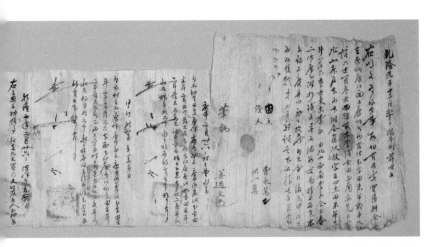

▲ 양두빈 토지매매명문

출처: 국립중앙박물관 및 e-뮤지엄 소장

다. 이처럼 복잡하고 힘들며 거추장스러운 게 소송이었으나 어쩌겠는가. 사람이 사는 데 다툼이 없을 리 없고 싸움도 그치지 않는 것은 당연한 이치이다. 그리고 누군가는 그걸 말리고 조율하며 어떻게든 해결해야 했다.

5장

대들고,
등쳐 먹고,
도망치는
재산들

네 번째 전쟁
노비를 두고 벌어진 싸움

사람을 물건처럼
주고받을 수는
있었지만…

신분제 사회에서 일부 사람은 동등한 인격체로 대우받지 못하고 물건처럼 다루어졌다. 노비, 좋게 바꾸어 말하여 인력人力은 무척 소중한 재산이었다. 땅이나 집 같은 부동산과 달리 노비는 움직이기 쉬운 동산動産이고, 대화가 가능했고, 잡일도 했으며, 손재주도 있기에 아주 훌륭한 재산이었다. 또한 노비는 '신분'이었기 때문에 노비가 자식을 낳으면 모두 노비였으므로 재산을 불리기도 좋았다.

같은 사람으로 대접받지 못했기에 노비들이 참으로 비참하고 짐승 같은 삶을 살았을 것 같지만, 앞의 여러 사례를 통해 알 수 있듯 '반드시' 그렇지만은 않았다. 《미암일기》나 《쇄미록》 등 양반들의 일기를 보면 주인들을 등쳐먹는 노비들의 이야기가 곧잘 나오고. 주인집 물건이나 음식을 훔치는가 하면, 주인집에 배달해야 하는 선물 중 일부를 꿀꺽하기도 했다. 매년 바쳐야 하는 신공을 몇 년이나 미루기도 하고, "당신 때문에 못 살겠다"며 주인에게 대들기도 했다.

1848년에 여강 이씨가 남편 김진화에게 보낸 편지를 보면 재미난 내용이 있다. 가난해진 양반집 마님이 집의 노비들을 팔려고 하자 노비들이 화를 내며 거부한 것이다. 모르는 곳으로 팔려갈 수 없다는 이유였다. 노비들의 요구에 기가 꺾인 양반 마님이 노비를 파는 대신 돈을 빌리러 찾아 왔다는 것이다.

또 다른 예도 있다. 앞에서 친정어머니에게 "천 좀 염색해서 보내 달라"던 조선 중기의 유학자인 곽주의 둘째딸은 어머니 하씨에게 노비 부리는 일의 고충 역시 토로했다. 조선 시대 때 양반 여성은 결혼하면서 친정의 노비들을 몇 명 데려갔는데, 이들을 신노비新奴婢라고 불렀다. 그런데 그나마 오래 알고 지낸 편한 신노비들이 하나둘 앓거나 죽었고, 이제 잘 알지 못하는 시댁 노비들만 남은 상황에 처했던 것이다.

앞에 '시'자가 붙으면 시금치도 싫어진다는 말이 있다. "내가 어떻게 시댁 노비들을 부리지?" 하는 현실적인 걱정을 친정어머니에게 털어놓는 편지를 보면 같은 노비라도 시댁 노비는 불편한 대상이었던 듯하다.

사랑의 문제도 있었다. 사랑을 넘어서 치정으로 번지는 일까지 있었다. 조선 중기의 유학자이자 앞에서 소개한 《쇄미록》의 저자 오희문은 자기 노비들끼리 벌어졌던 치정 싸움을 아주 길고 자세하게 기록했다. 사건은 그의 노비 송노와 분개가 사랑에 빠지면서 시작했다. 본래 분개는 막정이라는 노비의 아내였다. 이 때문에 사랑에 빠진 송노와 분개가 함께 달아나려고 했지만, 분개는 미처 도망치지 못하고 송노만 달아났다.

도망치다 잡힌 분개는 갇혔지만, 무사히 도망가 숨어 있던 송노는 분개를 구하려고 굴뚝을 들쑤시고 땅 밑에 굴을 파려고도 했다. 마침내 탈출에 성공한 두 노비는 사랑의 도피에 성공했고, 분개의 남편인 막정은 주인 오희문을 원망하다가 3달 만에 화병으로 세상을 떠난다. 달아났던 송노와 분개는 몇 년이 지나고 애도 둘이나 낳은 뒤 돌아와 다시 오희문의 노비로 살았다.

이것 말고도 주인들을 속여 먹는 노비들이 많았다. 시장을 다녀오며 자기 물건만 팔고 주인 물건은 안 팔아오는 노비에게 분노한 이문건은 일기에 이 종이 밉고도 밉다고 주체하지 못한 감정을 쏟아 냈다. 그래도 사람과 사람이기에 양반도 오래 부리던 종이 죽으면 안타까워했고, 제사를 지내 주기도 했으며, 특히 자신이 어릴 때 돌봐 준 유모 노비에게는 더 깊은 정을 품기도 했다.

노비가 재산이 되는 시대이기는 했으나 얌전히 당하고만 살지만은 않았으며, 주인 대신 자기 자신을 더 위하며 살 수도 있었다는 점을 기억해 두고 다음 이야기로 넘어가 보자.

| 임자 없는 재산 때문에 벌어진 전쟁 |

조선 초기인 1404년, 고려 때 삼사의 으뜸이자 1품 벼슬이었던 판삼사사判三司事를 지낸 전보문全普門은 대단한 재산가로 매우 많은 노비를 거느렸지만 자식이 없었다. 전보문이 먼저 죽고, 이후 부인 송씨마저 세상을 떠나자 그 재산을 탐내는 사람들이 벌떼처럼 모여들었다.

송씨 부인은 수양자 허기許情를 두고 재산을 물려줬지만, 송씨 부인의 친척들은 이걸 인정하지 않고 소송을 걸어 모두 빼앗아 갔다. 그런데 이 날강도 같은 친척들이 하나같이 엄청났다.

조선을 건국한 개국공신 중 하나이자 태종의 심복으로 이름난 하륜河崙, 태조의 사돈이자 태종의 장인어른인 민제閔霽, 태종의 후궁인 신순궁주 이씨의 아버지이자 이인임의 조카인 이직李稷 등이었다. 이토록 유명하고 대신 자리를 역임했던 사람들이 아귀떼처럼 전보문의 재산을 차지하려고 모여들었으니 한편으로는 참으로 추잡했다.

까마귀 검다 하고 백로야 웃지 마라.

겉이 검은들 속조차 검을 소냐.

겉 희고 속 검은 이는 너뿐인가 하노라.

이직, 〈까마귀 검다 하고~〉

이직 본인이 지었던 유명한 시구대로의 현장이었는데, 그만큼 전보문의 재산이 막대했던 모양이다. 재산을 빼앗긴 수양자 허기는 신문고를 두들기며 원통함을 외쳤고, 이 사정을 들은 태종은 "임금이 이런 일까지 해야겠는가. 3일 만에 해결하라"며 사건을 감찰기간인 대간에 넘겼다.

조사해 보니 하륜 등이 전보문의 아내 송씨의 친척이긴 했지만, 재산권을 행사할 수 없을 만큼 촌수가 멀었다. 수양자인 허기도 결백하지만은 않았으니, 서류를 위조한 정황이 있었다. 따라서 전보문의 재산은 모두 속공되어 나라의 차지가 되었다. 하지만 하륜은 자그마치 10년 넘게 전보문의 노비들을 차지한 채 돌려주지 않았다.

1415년 마침내 추쇄가 시작되고, 부당하게 얻은 재산인 노비들을 그대로 되돌려 줘야 하는 상황에 처했을 때 하륜은 슬그머니 태종에게 말했다..

사역시킨 지가 이미 오래 되어 주인과 종이 서로 친하여져서 헤어지기가 실로 어려우니, 빌건대, 공신功臣으로 받은 노비를 바꾸어 바치겠습니다.

《조선왕조실록》, 〈태종실록〉 30권 중에서

　말은 그럴싸하지만, 젊고 튼튼한 노비들은 남기고 병들고 늙은 노비로 갈음하려는 수법일 수도 있었다. 그러자 태종은 하륜에게 "너는 나라에서 참 중요한 사람인데 그깟 노비 아낄 것이 무엇이냐"며 30여 명의 노비들을 그냥 가지게 했다.

　함께 아버지(태조)의 뒤통수도 치고 갖은 정치적 격랑을 넘나든 태종과 하륜의 진정한 우정(?)을 보여주는 일화지만, 아무튼 이렇듯 노비 소송도 권력에 따라 판결이 오락가락할 수는 있었다.

| 서로 자기 것이라 우기는 노비 |

　노비를 두고 벌어진 다툼에서 빠질 수 없는 일화는 바로 고산 윤선도의 사연이다. 그의 시 〈어부사시사漁父四時詞〉를 보면 바다에서 고기 잡는 사람들의 모습을 아름답게 그리고 있다.

　　앞 갯벌에 안개 걷히고 뒷 뫼에 해 비친다.

　　배 떠라 배 떠라

　　밤물은 거의 지고 낮물이 밀려온다

지국총 지국총 어사와

강촌에 온갖 꽃이 먼 빛이 더욱 좋다

윤선도, 〈어부사시사〉 중에서

이 시만 보면 온갖 복잡한 세상사에 발길을 끊고 고즈넉한 보길
도에서 어부들이 고기 낚는 모습을 보며 여생을 조용히 보냈을 거
같지만, 천만의 말씀이다. 윤선도는 조선 시대 여러 분쟁에 빠지
지 않는 치열한 싸움꾼이었다.

윤선도의 재산소송의 판결은 어떻게 나왔는지 분명하지 않다.
진행 중인 서류는 있는데 결말을 기록한 결송입안이 발견되지 않
았기 때문이다. 부자에 명문가였던 해남 윤씨 집안에서 벌어졌던
사건으로, 처음 강진에서 시작해 전주부로 이어지며 재판이 6~7
차례나 거듭될 만큼 아주 길고 지난한 소송전이었다.

그럴 수밖에 없는 것이, 이 소송에는 노비 70명이라는 막대한
재산이 걸려 있었다. 70명이라면 지금으로 따져도 웬만한 중소 기
업체를 굴릴 수 있을 만한 인원이다. 이 사건은 해남 윤씨 가문으
로 시집왔던 김씨 부인이 재산을 나눠 주면서 시작되었다.

김씨의 남편 윤사회는 1573년 아버지의 첩과 불륜을 저지른 죄
로 처형당했다. 유교의 나라 조선에서 이 일은 내란內亂의 죄로
다루어졌다. 이 사건으로 윤사회는 윤씨 가문 족보에서도 파였지
만, 재산은 그대로 유지되어 윤사회의 아내 김씨가 관리했던 것

같다. 김씨에게는 자식이 없었기에 재산을 남편 윤사회의 첩의 자식과 자신의 친정조카인 고부림의 부인 조씨에게 나눠 주었다.

김씨가 세상을 떠난 뒤인 1636년, 윤사회의 형제인 윤유기의 양자였던 윤선도는 고부림의 부인 조씨를 상대로 소송을 벌인다. 그가 물려받은 노비 70명은 본래 윤씨 집안의 재산이므로 되돌려 달라는 내용이었다.

첫 송사는 윤선도가 이겼다. 이때 조씨 부인은 자신이 물려받은 재산은 김씨 부인이 친정에서 가져 왔던 재산들이고 윤씨 가문의 재산들은 윤사회의 첩의 자식에게 주어졌다고 주장했다.

과연 이 사실을 어떻게 입증할 수 있었을까? 조선 시대의 상속 문서는 노비의 이름 및 나이, 부모와 자식을 적어 헷갈릴 소지를 최대한 줄였다. 만약 조씨 부인의 주장이 사실임을 입증하려면 김씨 부인이 친정에서 재산을 물려받으며 작성된 분재기가 필요했다. 그곳에 기재된 노비가 조씨 부인이 물려받은 노비들과 일치하면 되니까.

하지만 조씨 부인이 임진왜란을 겪으며 서류가 없어졌다고 주장함으로써 윤선도가 첫 번째 소송에서 이겼던 것이었다. 하지만 순순히 돌려주기엔 너무나도 큰 재산이었기에 조씨 부인은 항소를 했다.

조씨 부인이 의송(항소)을 걸었을 때 이 사건을 맡은 강진현감은 대단한 명판관이었다. 그는 윤선도와 조씨 모두에게 잘못을 지적

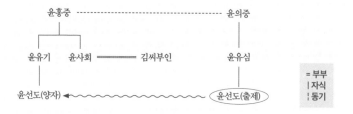

윤선도 가계도

했다. 원고와 피고 양쪽이 자신에게 불리한 서류는 일부러 제출하지 않고 미적거렸기 때문이었다. 강진현감은 양쪽 모두에게 남은 의문들을 소명하기를 요구했고, 이후 사건을 상위 기관인 전주부로 이관했다.

이처럼 확실한 일처리를 두고 윤선도가 강진현감을 칭찬하기도 했는데, 아무튼 그와는 별개로 소송은 계속되었다. 기나긴 소송 와중에 조씨 부인이 소송을 취하한 적도 있는데, 윤선도를 직접 상대하기보다는 다른 만만한 윤씨와 상대하기 위해서라고 추정된다. 어찌 보면 당연한 일이었다. 누가 임금(효종)의 스승과 싸우고 싶겠는가?

이런 이유 외에도, 윤선도는 바로 그 예송논쟁에 참여해서 당대 최고의 유학자였던 송시열宋時烈을 상대로 논쟁에 불을 붙인 사람이었다. 내 편일 때도 걱정되지만, 적으로 돌리면 더욱더 안 되는 싸움닭, 그것이 바로 윤선도였다. 그러니까 윤씨 집안이 대표로 윤선도를 내세웠을 것이다.

한편 조씨 부인에게는 소송 대리인인 이대량이라는 인물이 있었는데, 그는 능수능란하게 윤선도 쪽의 허점을 짚어 가며 소송을 진행했다. 이대량의 유도심문에 윤씨 쪽의 대표로 나선 노비가 잘못 대답했던 것이다. 외간 사람이었을 이대량이 어쩌다 이 소송판에 뛰어들었는지 이유는 알 수 없다. 이런 능수능란한 실력 때문에 윤선도는 이대량이 외지부(변호사)라고 주장했고, 그를 소송에서 빼야 한다고 주장하기도 했다.

조선 시대의 소송은 절대로 도덕적이지도 않았고, 체면을 차리지도 않았다. 눈치 싸움과 조작과 은폐가 치열한 전장이었다. 역시 돈 앞에서 옛 성현의 말씀이나 지켜야 할 도리 같은 것은 사소할 수밖에 없는 것일까?

| 추노 브로커와 납치되는 노비들 |

윤선도가 노비를 두고 벌인 소송은 또 있었다. 윤선도에게 이 사연은 재산의 문제였지만, 상대방 입장에서는 단란하던 가정이 산산조각 나는 슬픈 이야기이기도 하다.

윤선도의 노비 말룡은 충청도 서산으로 도망쳐, 그곳에서 양인 여성인 안심과 혼인하여 아이들을 낳고 가정을 꾸렸다. 1648년의 어느 날, 추노꾼 정복량이 찾아와 "너희들은 노비다!"라며 안심의 자식 넷과 손자 한 명을 납치해 갔다. 안심은 충청도관찰사에게 납치된 자식들을 구해 달라고 호소했지만, 정복량이 도망가 버리는 바람에 흐지부지되었다. 이 사건을 통해 조선 시대 때 추노 브로커가 있었다는 사실을 알 수 있다.

노비가 주인에게서 벗어나려면 도망치는 수밖에 없었다. 실제로 많은 노비가 도망치기도 했다. 자연스럽게 도망 노비를 잡아오는 추노도 많이 있었는데, 이를 넘어서서 도망 노비로 여겨지는 사람을 '일단 잡아' 나누어 갖는 납치 및 인신매매가 벌어지기도 했다. 정복량이 바로 그런 일을 하는 사람이었다. 그에게 말룡이 도망 노비였다는 정보를 흘린 사람이 있었는데, 바로 해남 윤씨의 외사촌이자 얼자 출신이던 구승원이었다.

결국 정복량과 구승원은 도망 노비의 후손인 안심의 자식들을 납치하여 나눠 먹었다. 화목하게 잘 살다가 하루아침에 '재산'이 되어 뿔뿔이 흩어진 안심의 자식들이 너무 불쌍하지만, 이건 어쩔 수 없는 신분제 사회의 병폐였다.

해남 윤씨 집안은 이런 일이 벌어진 줄 전혀 모르고 있었다. 1673년 윤선도의 자식들이 재산을 나눈 '윤인미 남매 화회문기'를 보면 윤선도가 가진 노비는 500여 명에 땅은 700마지기에 달했다. 그러니 그중 노비 하나나 둘쯤 도망가도 모를 것이라는 게 정복량과 구승원의 생각이었을 것이다. 하지만 그 생각은 윤선도라는 사람을 몰라도 너무 모르는 것이었다.

이 일은 자그마치 12년이 지난 뒤 해남 윤씨 가문에 알려졌고, 소송이 시작되었다. 자신의 재산이 침해당했다는 걸 알게 된 윤선도는 처음엔 단순 재산(노비) 불법 점유 사건으로 여겨 정복량을 고소했다. 하지만 친척인 구승원도 개입했다는 사실을 알게 되자마자 구승원 일가에게도 소송을 걸었다.

양민이었던 안심이 자식들을 위해 몇 번이나 소송을 걸었을 때는 별 진척이 없었지만, 이번에 소송을 건 것은 임금의 스승이자 예송논쟁의 파이터 윤선도였다. 이 때문인지 좀 더 빠르게 재판이 진행되기 시작했다. 드디어 정복량과 구승원의 아들인 구정이 법정에 출두했다. 하지만 두 사람의 주장은 제각각이었다. 그리하여 윤선도는 잃어버린 노비들 중 고작 3명만을 돌려받았다. 하지만 윤선도는 이것으로 만족하지 않았다.

조선 시대의 세금 중에서 노동력을 제공하는 역役이 있었다. 마찬가지로 노비들도 주인집의 일을 해야 했다. 멀리 떨어져 산다면 일하는 대신 신공身貢을 바쳤다. 그래서 윤선도는 정복량 등이 노비를 불법 점거했던 지난 13년 어치의 신공도 내놓으라는 소송을 걸었다. 마지막의 마지막까지 털어 주겠다는 굳은 결의가 엿보이는 것이, 참으로 윤선도다웠다. 당시에도 지금처럼 재산 앞에서는 그 어떤 사람도 손해를 보고 싶어 하지 않았고, 심지어 가족이나 친척끼리도 봐주는 일이 없었다.

조선사 쩐의 전쟁

하루아침에 가정이 풍비박산 난 안심의 처지가 안타까울 뿐이다. 윤선도가 소송에서 이기기는 했지만 그들 가족은 다시 모이지 못했다. 윤선도에게 돌아오게 된 자식들은 살아서 다시 만나긴했지만, 아들 중 한 명은 노비 생활을 하다가 얻은 병 때문에 죽고 말았다고 한다.

안심은 가족들을 구하기 위해 소송을 몇 번이나 걸었지만 결말은 좋지 않았다. 상대는 양반들이고, 안심은 양인 여성인데다, 자식들은 노비의 아이들이었기 때문일 것이다. 안심이 남편인 말룡이 도망 노비였다는 사실을 송사 중 숨기기는 했으나, 그렇다 해도 그들에게 벌어진 일은 너무도 가혹하기 그지없다는 생각이 들수밖에 없다.

| 소작료를 떼먹는 노비들 |

노비를 많이 거느리게 되면 불행 끝 행복 시작일까? 세상살이가 그럴 리가 있겠는가!

숙종 때의 이름난 학자 송규렴이 1692년에 자신의 노비에게 보낸 한글 편지가 있다. 본디 송규렴은 송시열, 송준길과 아울러 3송으로 일컬어지는 이름난 학자였고, 당시 인현왕후와 장희빈으로 갈라져 싸웠던 정치적 격랑 앞에서도 초연하게 살았다. 하지만 이 편지를 보면 그도 먹고사는 문제 앞에서는 초연하지 못했다는 걸 알 수 있다.

송규렴의 노비인 기축은 황해도 백천에서 송규렴 소유의 토지를 부쳐 먹고 있었는데, 어떤 이유에서인지 소작료(도지)를 내지 않았다. 이에 송규렴이 소작료를 내라고 한글로 써 보낸 독촉장이 바로 이 편지이다.

양반, 그것도 남성이 한글을 썼다는 게 의외로 느껴질 수 있겠지만, 이 편지를 받을 사람이 노비였음을 생각하면 그 이유가 충분히 짐작된다. 아무튼 그 편지 내용은 분노 그 자체였다.

> 네놈이 공연히 내 집 논밭을 차지하고…. 곧이곧대로 도지를 바치지 않으니 네 놈이 나쁘기로는 천지간에 없는 놈이니 한 번 큰일 나리라. … 그런 도리에 안 맞는 일이 없으니 네 어찌할 수 없어 다스린다 한들 나를 어이하리하고 그리 흉악을 부리거니와 나중에는 어이하려 하는가. 올 도지는 전년에 거두지 못한 것을 합하여 여섯 섬을 불경히 해야지 또 흉악을 부리다가는 나도 분한 마음이 쌓인 지 오래 되었으니 큰일을 낼 것이니 그리 알라.
>
> **송규렴 서간 중에서**

학처럼 고고할 것 같은 유학자가 떼먹은 소작료를 빨리 내지 않으면 혼내 주겠다고 위협하는 글을 썼다는 것도 놀랍지만, 한글인

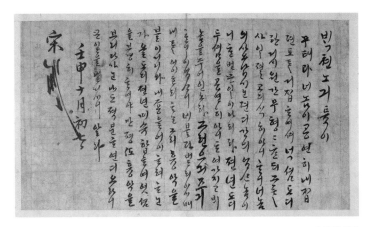

덕분에 분노가 더욱 직접적으로 느껴지기도 한다. 물론 남의 땅을 빌리고도 그 값을 내지 않은 기축이 먼저 잘못을 하긴 했지만 말이다.

그렇다면 조선 시대에는 얼마만큼의 도지를 바쳤을까? 고려 말, 정도전鄭道傳은 권문세족들이 조금도 일하지 않으면서도 논밭의 소출 절반을 거두어 간다고 비판했는데, 수백 년 뒤 정약용도 똑같은 말을 했다.

농부들은 땀 흘려 농사지은 작물의 10분의 1을 나라에 바치고, 10분의 5를 지주에게 소작료로 바쳐야 했다. 아무리 풍년이 들어 곡식을 거두어도 절반 넘게 남에게 줘야 하는데 과연 농사를 지을 맛이 났을까? 알고 보면 기축에게도 어떤 숨겨진 사연이 있었을지도 모른다. 그러나 노비는 자신을 변명할 수 없었고, 남은 것은 오로지 송규렴의 편지뿐이다.

여섯 섬의 곡식이 얼마나 중요하기에 이렇게까지 독촉장을 보내는가 하는 생각도 들지만, 송규렴 쪽도 먹고사는 문제가 걸려 있긴 했을 것이다. 과거는 농업 생산량이 그리 높지 않았기에 어쩌다 재해가 닥쳐 농사를 망치면 양반이나 노비나 똑같이 굶주렸다. 결국 노비가 되든 노비를 부리든 편한 일은 없었다. 예나 지금이나 세상사는 일은 왜 이리 힘든 걸까?

그들은 왜
친척을 자신의
노비라고 우겼을까?

… 길동은 아버지를 아버지라 부르지 못하고, 형을 형이라 부르
지 못하니….

허균, 《홍길동전》 중에서

과거의 신분 차별을 이야기할 때 가장 친근한 예는 역시 홍길동
이다. 홍길동의 어머니는 아버지 홍판서의 여종이었다. 따라서 노
비였고, 동시에 재산이었다. 주인의 아이를 낳고 첩이 되었지만,
아이의 신분은 어머니를 따라간다는 종모법에 따라 홍길동 역시
노비이자 홍씨 가문의 재산이 되었다.

이것이 바로 신분 제도와 종모법의 무서운 점이다. 결국 조선을

떠난 홍길동은 바다 너머 큰 섬에 율도국을 세우고 왕이 되는데, 조선의 법으로 따지면 율도국의 왕족들은 모두 홍씨 집안의 재산, 곧 노비들이기도 했다. 물론 홍판서와 형인 홍인형은 '착한 양반'이라 그전에 홍길동의 신분을 풀어 주고 호부호형을 허락했지만 말이다.

소설이 아니라 실제로도 인간적인 양반들은 천출이라고 해도 자식으로 여기고 사랑했으며, 덧붙여 많은 편의를 봐 주었다. 자식이니까 당연한 게 아닐까? 그래도 신분 차이는 명백했다. 양인의 딸에게서 태어나면 서자, 천민의 딸에게서 태어나면 얼자라고 불렀다. 따라서 서자는 양인의 신분이었고, 천민에게서 태어난 자식들은 계속 천민이었다.

그래도 자식이자 가족인데 노비로 쓰는 것은 찜찜하기도 하고 남 보기에도 좋지 않았을 것이다. 그래서 재산이 있고 선량한 양반 아버지들은 재물을 써서 자식들의 신분을 양인으로 만들어 주었다. 이것이 바로 속량贖良이다.

미암 유희춘은 기묘사화 때문에 20년 동안 함경도에서 유배 생활을 했다. 이때 은진현감인 이구의 노비였던 여인을 첩으로 들였다. 그렇게 네 명의 딸을 낳았는데, 딸들은 양반 아버지를 두었지만 동시에 이구의 노비이기도 했다. 세월이 흘러 큰딸에게 혼담이 오가게 되자, 유희춘은 이구에게 말 한 마리를 주고 큰딸을 양인으로 만들어 주었다.

그 다음 둘째 딸 차례에는 갑자기 딸들의 주인인 이구가 재산 대신 다른 걸 요구했다. 바로 자기의 사위에게 벼슬자리를 얻어달라는 부탁이었다. 비록 유희춘의 귀양살이가 길기는 했지만, 인망도 있었고 여전히 임금의 신뢰를 얻고 있었다. 그러니까 유희춘의 추천을 받게 된다면 좋은 벼슬자리를 얻을 수 있었다.

유리한 입장을 이용한 참으로 야비하기 짝이 없는 부탁이었기에 유희춘은 일단 거절했다. 그러자 이구는 둘째딸의 속량을 허락하지 않았다. 하지만 앞으로 양인으로 만들어야 할 딸이 셋이나 남아 있는 유희춘으로서는 선택의 여지가 별로 남아 있지 않았다.

그로부터 1년 뒤, 이구는 갑자기 유희춘을 찾아와 둘째딸을 양인으로 삼는 것을 허락했다. 유희춘은 몹시 감사해했다. 《미암일기》에 자세한 사정은 적혀 있지 않지만, 유희춘은 이구의 사위를 여기저기 추천하고 다녔고, 유희춘의 셋째 딸과 넷째 딸도 무사히 양인이 되었다. 마침내 네 딸이 모두 양인이 되는 날, 유희춘은 몹시 기뻐하며 이 사실을 일기에 적었다.

얼녀 네 명이 모두 노비의 신분을 벗어나 양인이 되었으니 얼마나 다행한 일인가.

유희춘, 《미암일기》 중에서

아무리 신분이 천하다 해도 자식은 자식이었고 유희춘의 부성

애는 지극했다. 이는 부모가 아니라 형제자매들 사이의 우애에서
도 그랬다. 다산 정약용은 4남 2녀 중 막내아들이었지만, 이 숫자
는 적처에게서 태어난 자식만 따진 것이다. 정약용의 아버지 정재
원은 두 번째 아내 윤씨를 잃은 뒤 김의택의 서녀 김씨를 첩으로
들여 딸 셋과 아들 정약횡을 더 얻었다.

서모 김씨는 아들인 정약용보다 고작 8살 위였지만, 세수도 안
하고 때가 덕지덕지 붙어 꾀죄죄하게 다녔던 정약용을 씻기고 옷
을 꿰매 주며 지극정성으로 살피고 키웠다. 그래서 정약용의 가족
들은 적서 상관없이 단란하게 지냈다. 정약용은 서모 김씨가 50
세의 나이로 세상을 떠나자 몹시 슬퍼하며 묘지명을 지어 주었고,
서동생인 정약횡을 매우 아끼고 걱정하곤 했다.

| 친척을 자신의 노비라고 우긴 사람들 |

이런 모범적인 예와 다르게, 그 반대인 콩가루 가족은 어디에나
있었다. 같은 아버지를 두었어도 다른 형제를 천출이라고 업신여
기고, 그것도 모자라 '재산'으로 부리려는 사람들 말이다.

이들은 형제이자 친척인 사람들을 재산으로 만들기 위해 소송
을 벌이기까지 했다. 그리고 그 사람이 바로 유희춘이었다. 바로
앞에서 자기 딸들을 양인으로 만들기 위해 애썼던 바로 그 유희춘

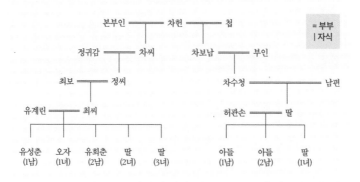

유희춘 가계도

과 동일 인물이 맞다.

유희춘이 자신의 재산(노비)을 두고 건 이 소송은 무려 37년 동안이나 이어졌다. 이 사건을 이해하려면 먼저 거미줄처럼 얽힌 이 집안의 가족관계를 알아야 한다. 유희춘부터 거슬로 올라가는 이 집안의 가계도를 한번 살펴보자.

유희춘의 아버지 유계린은 부인 최씨와의 사이에서 2남 3녀를 두었다. 최씨 부인의 아버지는 최보였고 어머니는 정씨였다. 그 정씨의 아버지는 정귀감이고 어머니는 차씨였다. 이 차씨 부인의 아버지, 곧 유희춘의 외-외-외고조부가 바로 이 일의 시작인 차헌車軒이다.

차헌은 본부인 외에 여자종을 첩으로 들여서 차보남이라는 아들을 얻었는데, 어머니가 천민의 신분이었으므로 차보남도 천민이었다. 장성한 차보남은 결혼해서 딸 차수청을 두었고, 이후 차수청도 결혼하여 또 딸을 낳았다. 이 딸은 허관손이라는 남자와 결혼하여 두 아들과 딸을 두었다. 이렇게 차헌에게서 적자와 서자로 시작된 자손들은 여러 세대를 거치며 성도 달라지고 촌수도 계산이 어려울 만큼 멀어졌다.

중종 27년인 1532년, 유희춘의 어머니인 최씨 부인이 노비의 일을 관장하는 장예원掌隸院에 소지를 올린다. 차보남의 딸 차수청이 자기의 노비이니 소유를 인정해 달라는 내용이었다. 몇 대를 거슬러 올라가는 것은 둘째 치고 외가-외가-외가로 이어지는 친척을 이제 와서 노비로 삼겠다니? 의아하지만 아무튼 조선의 법상 이론적으로는 가능했던 것 같다.

> 같은 아버지를 둔 형제나 사촌인 천인을 부리는 것은 진실로 인륜에 문제가 되는 것이다.
>
> 《전록통고》, 〈형전〉 하, 사천 중에서

이것은 《경제육전속집經濟六典續集》에도 언급되어 있다. 이런 법에 따라 아무리 신분이 노비라 하더라도 이복형제, 그리고 사촌까지는 노비로 부리지 않았다. 다만 5촌이 넘어가게 되면 노비로 부릴 수 있었고, 이 역시 법전에 명시되어 있다.

오촌이나 육촌인 경우에는 친족 관계가 점점 멀어져서 비록 부리더라도 본래 불가할 것이 없다.

《전록통고》, 〈형전〉 하, 사천 중에서

사촌이든 오촌이든 육촌이든 친척인 건 맞지만, 신분의 차이는 한 쪽을 주인으로 만들고 다른 쪽을 노비로 만들 수 있었다. 그리하여 최씨는 7촌 친척인 차수청을 노비로 만들려고 했다.

나름 잘 살고 있던 차수청에게는 마른하늘의 날벼락이었을 것이고, 치수청의 딸과 결혼한 허관손에게도 마찬가지였다. 그는 형부의 하급 관리인 율생으로 일했는데, 하루아침에 부인은 물론 자식 셋이 모조리 남의 집 노비가 된 것이다.

그때까지 생존해 있던 차보남은 물론, 딸인 차수청은 최씨 부인에게 욕설을 퍼부으며 저항했다. 사실상 생판 남이나 다름없는 7촌 친척이 갑자기 찾아와 "오늘부터 넌 내 노비이다"라고 선언한 셈이니 그럴 만도 했다. 그리하여 양쪽은 합의하지 못했고, 사건은 맞고소로 이어졌다.

1544년, 처음에는 최씨 부인이 승소했다. 하지만 당연히 허관손은 항소를 했고, 7년 뒤인 1551년에는 허관손이 승소했다. 어째서 양반들을 상대로 하급관리와 노비들이 이길 수 있었을까? 차보남의 후손들은 자신들이 노비가 될 수도 있다는 사실을 알았던 것인지 나름 대비를 해놓았다. 종의 신분으로 태어난 사람들이 그 신분에서 벗어나는 방법은 앞에서 유희춘이 했던 대로 막대한 몸값을 지불하고 양인이 되는 속량이 있고, 다른 하나는 보충대補充隊에서 복무하는 일이 있었다.

보충대는 조선 시대 군대 오위五衛 중 하나인 의흥위 아래의 부대로, 노비가 여기에서 일정기간 복무하면 신분을 양인으로 바꿀 수 있었다. 차보남은 보충대에서 복무를 한 뒤 그 사실을 입증하는 서류까지 받아 두었다가 이것을 증거로 제출했다. 그러니까 차보남과 그의 후손들은 더 이상 노비가 아니었다.

하지만 유희춘의 집안은 포기하지 않았다. 최씨 부인이 세상을 떠난 뒤에도 최씨 부인의 딸이자 오천령과 결혼한 유희춘의 누이 오자吳姉가 차씨의 후손들은 자기 집안의 노비가 맞다고 다시 한번 소송을 걸었다.

이때 유희춘의 활약이 돋보였다. 자신의 딸들을 양인으로 만들어 주기 위해 썼던 수단들을 그대로 활용한 것이다. 당시 고위관리였던 유희춘은 자신의 권력을 이용해서 장예원의 관리들과 접촉하며 소송의 흐름을 자기 가족들에게 유리하게 바꾸었다.

심지어 증거를 조작하기도 했다. 차보남이 보충대에 입대했다는 증거가 발견되었지만, 유희춘은 성공적으로 은폐했다. 덕분에 소송에서 이겼고, 유희춘의 가문은 차보남의 자손이자 허관손의 아내와 아이들을 노비로 소유하게 되었다. 그런데 이렇게 치사한 수를 써서 유희춘의 집안이 큰 부자가 되었느냐 하면, 그건 또 아니었다.

　누이인 유씨 부인의 남편 오천령이 일찍 죽었는데, 그 아들은 방탕해서 첩을 여러 명 들였다. 그러다가 다른 사람의 여종인 말금을 '또' 총애하게 되었고, 조카는 말금을 사들이기 위해 노비 네 명을 대가로 지불했다. 결국 유희춘이 타일러서 그 조카가 말금을 포기하기는 했지만, 수십 년이나 소송을 벌여서 간신히 얻어낸 노비(재산)를 허무하게 날리는 조카라니 한심하기 그지없다.

　여기서 의아한 것은 바로 유희춘이다. 그는 먼 친척들을 노비로 추락시키려고 하는 동시에 자신의 딸들을 양인으로 만들어 주려고 애썼다. 어떻게 한 사람이 자기 자식에게만 그렇게 다정하고, 친척들에게는 그렇게 매정할 수 있었을까? 물론 어떻게 보면 그게 가능하기에 인간이라는 생각도 든다.

돈 때문에
자신이 노비라고
주장한 사람이 있다?

조선에서는 꽤 흔했던 '다물사리'라는 이름이 있다. 이 이름은 조선왕조실록에도 꽤 흔하게 등장하는데, '담살'이라는 말을 한자로 음차◆한 것이다. 집이 아니라 담에서 더부살이하는 사람을 일컫는 말로, 어떻게 보아도 절대로 좋은 뜻은 아니다.

사람 이름을 왜 이렇게 짓는 것일까 궁금할 것이다. 만 조선 시대 고문서를 보면 그나마 무난한 이름은 돌쇠이다. 그 외에도 개똥이, 작은년 등등 지금 그 이름으로 출생신고를 하면 평생 자식의 원망을 살 것 같은 순우리말 이름들이 많았다. 다물사리는 천민, 또는 양인의 이름으로 두루 쓰였고, 이 책에서는 두 사람의 각

◆ 어떤 언어의 소리를 그 언어에서 사용하지 않는 다른 문자로 표기하는 일.

기 다른 다물사리의 이야기를 소개하려 한다. 한 사람은 노비였고 한 사람은 양인이었지만, 어느 누구의 인생도 순탄하지는 않았다.

| 이 노비의 주인은 누구인가? |

첫 번째 다물사리는 노비였다. 신분제 사회에서 노비란 무엇일까? 사람은 아니지만 말도 알아듣고 일도 하는 '재산'이다. 그래서 노비가 자식을 낳으면 그 아이는 노비였다. 노비와 양인이 결혼해서 자식을 낳아도 그 아이는 노비가 되었다. 그래서 노비가 자식을 아주 아주 많이 낳으면 재산이 늘어나는 것이었다.

이 때문에 양반들은 노비들이 자식을 가지길 바랐고, 자식을 많이 낳은 노비에게 상을 내리고 칭찬했다. 사람이 자식을 낳는 행위가 고작 재산 증식을 위해서라니 지금 생각하면 너무하다 싶지만 때는 조선 시대라는 것을 기억해야겠다.

다만, 노비가 노비를 낳는 것보다는 남의 노비를 빼앗아 오는 것이 재산을 늘리는 데 더 큰 도움이 되었다. 그래서 양반들은 툭하면 노비를 두고 소송을 벌였고, 이 현상이 너무 심해지자 태종 때는 노비 소송이 생기면 무조건 반씩 나누라고 한 적도 있었다. 태종은 누구도 큰 이득을 보지 못할 것이니 소송이 줄어들 것이라 생각했겠지만, 실상은 그 노비가 내 것이든 아니든 무조건 소송만

걸면 그 절반을 얻어낼 수 있다는 것이나 같은 말이었다. 그야말로 소송하는 입장에서는 밑져도 본전 이상인 꿀 같은 조항이 아닐 수가 없다. 병폐를 깨닫자마자 재빠르게 철폐되기는 했지만, 그런 조항이 있든 없든 조선 시대가 이어지는 내내 노비 소송은 계속되었다.

그들은 늘 잊곤 했지만, 노비는 동물이 아닌 사람이었다. 그래서 생각도 할 수 있고, 말도 할 수 있고, 편안한 것 좋아하고, 힘든 것 싫어했으며, 되도록 잘 살고 싶어 했다. 때로는 양반 주인들에게 말 그대로 부려 먹히거나 착취당하기도 했지만, 그러면서도 자기 재산을 모으고 양반 주인들을 이용해 먹으며 나름 뻔뻔하게 잘 살 방법을 찾아내곤 했다.

이러다 보니 노비이면서도 부자인 사람들은 여럿 나타나게 되었다. 세종 때의 노비 내은달은 대단한 재산가여서 조선의 관리들이 그의 외동딸을 첩으로 삼으려고 싸우기까지 했고, 성종 때 노비 임복은 자그마치 3천 석의 곡식을 바쳐 자신과 네 아들의 신분을 양인으로 바꾸기도 했다.

노비와 혼인하는 양인 여성도 많았다. 노비와 혼인을 하면 여성의 신분은 양인으로 유지되지만, 자식들은 노비였다. 그래서 어떻게든 여기에서 벗어나고자 갖은 속임수를 쓰기도 했다. 이것이 바로 두 번째 다물사리의 이야기이다.

| 노비의 뿌리를 찾아서 |

1576년 7월 13일, 초계(지금의 경상도 합천군)에서 양반 이춘수李春壽가 소송을 시작한다. 그의 주장에 따르면 경주에 있는 노비 다물사리多勿沙里는 원래 자기 노비 동금의 자식이었다. 다물사리는 한 번 도망쳤다가 돌아왔고, 경주부에 등록(입안)해서 일하게 되었다. 그런데 1573년에 다른 양반 이준李浚이 다물사리를 훔쳐 갔다는 것이다.

피소를 당한 이준의 주장은 달랐다. 해당 노비는 다물사리가 아닌 반춘班春이라는 자로, 외조부가 물려준 노비 이금李今의 자식이라는 것이다. 이쪽도 한 번 도망갔다가 다시 돌아와서 경주부에 입안을 받았고, 이후 옥산서원玉山書院이 세워지자 그곳의 일꾼으로 보냈다고 주장했다.

과연 다물사리와 반춘은 동일 인물일까? 간단히 생각하면 당사자인 반춘 혹은 다물사리를 데려다가 물어보면 된다. 그러나 노비는 묻는 말에 대답할 수 있음과 동시에 거짓말을 할 수도 있었다.

그 노비가 정확히 누구인지 아는 또 다른 방법으로는 노비의 부모가 누구인지 확인하기가 있다. 노비라고 해도 당연히 부모는 있기 때문이다. 다만 하루아침에 주인이 바뀌거나 가족들이 뿔뿔이 흩어질 수 있었기에 자기 부모나 조부모가 누군지 모를 수도 있었다. 그럼 어떻게 노비의 출처(?)를 입증하는가? 바로 문서였다. 이 노비가 누구의 소유라고 기재한 분재기, 화회문기, 그리고 입안이 있었다.

다른 방법으로는 호구 조사가 있다. 조선 시대의 호구는 한 집에 사는 사람들의 이름, 성별, 나이를 모두 기재했다. 아주 먼 옛날부터 국가는 인구 조사를 철저하게 했는데, 일본에서 발견된 신라시대 촌락문서를 보면 그 옛날에도 인구는 물론 소와 말의 숫자, 그 마을에 심어진 쓸 만한 나무들 그루 수까지 모두 기록했다. 노비들 역시 부모(특히 어머니)가 누구인지, 몇 살인지 모두 기록되었기에 이런 노비 관련 소송에서는 서류들이 몹시 중요했다.

여주 이씨의 노비 소송도 그렇게 전개되었다. 재판이 시작되자 이춘수는 1567년 경주부에서 받은 다물사리의 입안을 제출했고, 이준은 1560년 경주부에서 받은 입안을 증거로 제출했다. 양쪽은 반대쪽의 서류가 위조되었고, 자기네 서류가 옳다고 주장했다.

덧붙여 노비 당사자인 다물사리 또는 반춘은 사신이 다물사리라고 주장했다. 게다가 이춘수는 '반춘이 실은 다물사리이며, 노비 소유권을 이춘수에게 넘긴다'고 이준이 작성한 문서도 가지고 있었다. 만약 이 서류가 사실이라면 이준이 거짓말을 한 셈이었다.

하지만 이준은 "말도 안 된다! 나는 이런 문서를 작성한 적이 없다!"라며 착명을 거부했다. 착명을 거부한다는 것은 이 문서를 증거로 인정하지 않는다는 소리였다. 어찌되었든 첫 소송은 이춘수가 이겼고, 다물사리 또는 반춘은 이춘수의 소유로 돌아갔다.

이준은 여기에서 승복하지 않고 의송, 그러니까 항소를 했다. 소송에 참여했던 합천군의 서리 이춘억이 이춘수와 서로 짰다고 주장하며 관찰사에게 징계를 요청하기도 했다. 그런데 이 주장이 사실로 밝혀지며 이춘억이 처벌을 받기도 했다.

그 다음으로 이준은 자신이 이춘수에게 다물사리(반춘)를 넘기 겠다고 쓴 문서가 위조임을 밝혀 달라고 요청했으며, 노비가 주인을 배신하고 거짓말을 하니 다물사리 또는 반춘의 증언은 효력이 없다고 주장했다. 이춘수는 반발했지만, 이준 쪽의 주장이 받아들여져서 다물사리 또는 반춘의 증언은 증거의 효력을 잃었다.

이제 이준은 재판하는 장소를 옮겨 달라고 요구했다. 지금도 그렇지만 관리들도 사람이기에 팔이 안으로 굽었고, 뇌물을 받으면 더욱 그랬다. 만약 재판하는 곳의 관원들이 일방적으로 한쪽 편을 든다는 혐의가 있다면 다른 지역의 관아로 옮겨 재판을 할 수 있었다. 이것을 회피回避 혹은 기피忌避라고 했다.

이준은 경주부 관리들이 이춘수에게 뇌물을 받았다고 주장했고, 경주부윤은 사실무근이라며 반발했다. 하지만 이준의 이의 제기가 받아들여져 재판은 경상도 관찰사에게 이관된다. 그러나 판결이 나기 전, 경상도 관찰사가 덜컥 교체되었다.

이준은 다시 신임 경상도 관찰사에게 의송을 한다. 군위, 신령, 흥해 세 곳 중 한 곳에서 재판을 하자고 했고, 이것이 받아들여져 재판은 흥해군으로 넘어갔다. 그렇게 이어진 소송은 3년이 지나도록 끝나지 않았다.

피고인 이준은 사건을 해결하려고 백방으로 노력하면서 다물사리라고 주장하는 반춘의 동생을 찾아 심문하기도 하고, 관찰사에게 의송을 걸기도 하고, 재판 장소를 옮겨 달라고 하는 등 재판을 실질적으로 이끌어 갔지만, 이춘수는 재판에 출석하지도 않았다. 이준은 12번째 의송을 하면서 이 점을 지적했다.

이춘수가 소송을 시작한 지 15개월이 되도록 소송에 참여하지 않으니 친착결절법에 따라 결급(판결)을 내 주십시오.

《고문서집성》 중에서

그리하여 1578년, 이준은 소송에서 이겼다. 아마도 이 사건은 옥산서원의 일을 하기 싫은 노비와 공짜 노비 하나를 얻으려던 양반 이춘수가 짜고 친 사건이 아니었을까?

하지만 이춘수 쪽이나 이준 쪽이나 자기에게 불리한 문서는 철저하게 숨겼고(이준도 반춘의 조상이 적힌 노비 문서를 숨겼다) 주변 노비들의 증언도 오락가락 하기는 했다. 하지만 소송의 결과, 다물사리는 이제 반춘이 되어 이준의 노비가 되었고 옥산서원에서 계속 일하게 되었다.

과연 반춘 또는 다물사리에게는 어떤 사연이 있었을까? 그리고 이춘수는 어째서 소송을 포기했을까? 상대방이 악착같이 달라붙어서 그랬을까? 아무튼 이런 재판은 하든 하지 않든 어차피 노비는 노비였고 딱히 처지가 크게 바뀌는 건 없었다.

| 몰락한 양반과 큰소리치는 노비 |

또 다른 다물사리는 사정이 달랐다. 1586년 3월 13일, 앞서 있었던 반춘 또는 다물사리의 소송이 벌어지기 수년 전. 또 다른 다물사리가 전라도의 나주에서 소송을 시작한다. 원고는 양반인 이지도였고, 다물사리는 피고였다. 그런데 소송의 내용이 재미있다. 이지도는 다물사리가 양인이라고 주장했는데, 다물사리는 자신이 노비라고 주장했다.

현대인의 상식으로는 이상하게 들린다. 이왕이면 높은 신분인 양인이 낫지 왜 천민임을 주장했을까? 인간에게 귀천이 없지만 빈부격차는 있는 것처럼, 조선 시대에도 빈부의 격차가 있었다. 거기에 신분의 차이가 더해진 사회인 것이다. 이게 무슨 소리인가 하면, 찢어지게 가난한 양반과 부유해서 떵떵거리고 사는 노비가 있었다는 말이다.

사실 조선 시대의 양반은 여차하면 가난해지기 쉬웠다. 아무리 대대로 잘난 명문가의 자손이라 하더라도 과거에 급제하지 못한다면 가세가 크게 기울었다. 가장 낮고 하찮은 관직인 능참봉이라도 한다면 살아서 자랑하고 죽으면 위패에 쓸 수 있었건만, 연신 과거에 낙방하고 말단 관직조차 맡지 못하면 그 삶은 초라하기 그지없었다.

관직이 있으면 사는 동네의 관아에서도 많은 편의를 봐 주고 사시사철 갖가지 선물이 안겨졌지만, 그렇지 않으면 손님의 방문은 딱 끊기고 집안 형편도 쪼그라들게 마련이었다.

이런 이유들로 양반이 정말 양반답게 살려면 반드시 과거에 합격해야 했는데, 과거 급제라는 게 보통 어려운 일이 아니었다. 먼저 교통이 불편하던 시기에 한양까지 오고 가야 했기에 교통비, 식비, 체재비를 포함한 엄청난 돈이 들었다. 두 번째로는 양반 체면 때문에 말도 타고 몸종도 하나 데리고 가야 했으니 더 많은 돈이 들었다. 그래서 과거에 한 번 도전할 때마다 대략 30~40냥이라는 거금이 들었는데, 이 금액은 웬만한 가족의 1년 생활비에 달하는 액수였다.

이런 이유들로 한양에 살면 좀 더 과거 도전이 쉽고 급제의 기회가 늘어나긴 했다. 그래도 급제하려면 실력 외에도 운이 더 필요했기에 한양에 살면서도 낙방하는 사람들이 부지기수였다. 이러다 보니 웬만한 부잣집도 과거에 10년 가까이 도전하다 보면 가진 재산을 다 까먹기 일쑤였기에 자식이 많은 집에서는 장남에게 모든 여력을 올인하곤 했다.

온 집안의 기대와 지원을 듬뿍 받은 자식이 급제하면 다행이지만, 그렇지 못하는 경우도 많았다. 《이재난고頤齋亂藁》를 쓴 황윤석은 장남이었기에 집안의 지원을 홀로 받아 과거에 도전했지만, 당장 그리 좋은 결과가 나오지 않아 힘든 시간을 보내야 했다. 그래도 황윤석은 늦게나마 급제를 하기는 했지만, 공부만 해서 가난하고 요령이 없어 많은 부분에서 서툴렀다. 반면에 과거 시험을 포기'당'했던 동생은 농사일에 힘을 쓰고 집안일을 도맡아 하며 상당한 부자가 되어 있었다.

조선 후기의 사람으로 안동에서 의병을 이끌고 일본과 싸웠던 김흥락은 젊었을 때 큰아버지에게 과거 시험에 응시하지 말라는 명령을 받은 적이 있었다. 큰아버지 자신이 시험을 봐야 했기 때문에 지원을 해 줄 수 없다는 이유였다. 그만큼 과거 시험은 지금의 사교육 시장 뺨치는 돈 먹는 하마였다.

또한, 과거에 급제했다고 해서 모든 문제가 단번에 해결되는 것도 아니었다. 정조 때의 사람인 노상추는 10년 넘는 도전 끝에 간신히 무과에 급제했지만, 이후 4년 넘게 관직을 얻지 못하고 백수로 지내야 했다. 그나마 이런 사람들은 나중에 잘 풀리기나 했지, 아예 급제도 하지 못하고 재산만 탕진한 뒤 몰락해 역사에 기록되지 못한 사람들은 훨씬 더 많았을 것이다.

그에 비해 과거 준비를 할 필요가 없는 노비들은 본인이 잘하면 양반들보다 부자가 될 수 있었다. 잘 나가는 권세가의 노비가 되면 주워 먹을 수 있는 콩고물들이 많았고, 외거 노비라면 훨씬 더 많은 자유를 누리면서 부업을 할 수도 있었다. 그러다가 자기 신분을 양인으로 바꾸고 마침내 양반으로 신분 세탁을 하기도 했다. 이때 필요한 것은 돈, 그것도 아주 많은 돈이었다.

다물사리의 남편은 원고 이지도의 아버지인 이유겸의 노비인 윤필이었다. 어째서 양인인 다물사리가 노비와 결혼했을까? "그런 게 사랑이다"라고 하면 좋겠지만, 사실 윤필은 굉장한 부자였다. 다물사리는 딸 인이를 낳았고, 인이는 영암군의 사노비인 구지와 결혼해서 자식을 6명이나 낳았다.

구지는 성격이 광포해 관리와 성균관과 짜고 주인을 배신하기도 했고, 이지도가 아내와 자식들의 신공을 받으러 올 때마다 작대기를 휘두르며 위협하기도 했다. 노비이면서 양반을 협박하다니 뜻밖이지만, 구지로서는 자기 가족들을 지키기 위한 최소한의 방어였을 것이다.

또한, 구지는 신분만 노비였지 상당한 힘을 가지고 있었다. 구지가 손을 잡았던 성균관은 조선 시대 최고의 교육기관인 동시에 소고기 판매 업장이었다. 조선 시대의 소는 농사를 지어야 하는 아주 귀중한 동물이었기에 함부로 잡으면 처벌을 받을 정도로 귀하게 여겨졌다. 동시에 조상님을 위한 제사에 빠져서는 안 될 귀중한 제물이었고, 무엇보다도 아주 맛있었다.

조선 사람들에게도 소고기는 언제나 인기 있는 상품이었고, 성균관의 하인인 반인들은 성균관은 물론 일반인들에게 소고기를 공급했다. 아마 구지도 소고기를 파는 일을 하지 않았을까? 그렇다면 돈도 많이 벌었을 것이다. 양반 주인에게 작대기를 휘두를 수 있는 용기는 가족을 사랑하는 마음과 더불어 '충분한 재물'에서 나왔을 테니까.

다시 소송 이야기로 돌아가, 이지도는 자신이 양반이기는 하지만 오히려 노비보다 힘이 약하다고 주장했다. 막강한 세력을 가진 노비들과 달리 이지도의 아버지는 화를 입어 도망 다니는 신세였고, 어머니는 평범한 아낙(가정주부)이었으며, 자신은 어린 학생이라고 어필했다. 그럼 과연 이지도의 아버지에게 무슨 일이 벌어졌던 걸까?

이 일이 있기 전인 1573년 8월 29일, 선조와 대신들이 나주의 살인 죄수 이윤겸李惟謙이 거론된 적이 있었다. 그리고 이지도의 아버지인 이윤겸은 나주 근처인 남평南平에서 충의위忠義衛를 지냈다고 했는데, 이 두 사람이 동일인물일 수도 있겠다.

이지도는 노비들이 주인의 집안 분위기가 뒤숭숭한 틈을 타서 재산을 빼앗으려고 한다고 주장했다. 다물사리의 딸인 인이와 그의 자식 6명은 모두 노비였고 수십 년 동안 주인에게 신공을 바쳐왔다. 이것은 이지도 집안에 있어 중요 수입원이었을 것이다. 그런데 갑자기 다물사리의 자손들이 "우리들은 당신네 집의 노비가 아니다"라고 주장하면서 신공을 끊어 버렸다. 신분이 양반일 뿐이지 변변한 세력이 없던 이지도로서는 생계를 유지하기 위해서라도 소송을 걸어야 했다.

| 돈 때문에 노비를 자처한 양인 |

다물사리는 자신이 양인이 아닌 노비라고 주장했다. 그것도 그냥 노비가 아니라 성균관의 공노비라는 것이다. 노비는 보통 공노비와 사노비로 나뉘는데, 나라에 속한 것이 공노비였고 개인이 소유한 것이 사노비였다. 그리고 다물사리는 자신이 성균관의 관비였던 길덕의 소생이라고 주장했다.

만약 그렇다면 다물사리는 사노비가 아닌 공노비였고, 그의 딸인 인이와 손자들도 공노비가 된다. 그 대신 더 이상 이지도의 집안에 매인 신세가 아니게 된다. 사노비로 사느니, 공노비가 낫다고 여긴 것이다.

이 소송이 시작했을 때 다물사리는 이미 일흔 살의 노인이었다. 하지만 자식들의 삶을 위해서 소송에 나선 듯하다. 정리하자면 이지도는 다물사리가 부모가 이순과 정조이의 딸이자 양인이라고 주장했고, 다물사리는 자신의 부모가 종산과 길덕이자 공노비라고 주장했다. 어느 쪽이 진실이든 부모들이 모두 이 세상 사람이 아니기에 입증하기는 어려웠다. 그럼 무엇으로 확인하느냐? 바로 호적이다.

이지도와 다물사리의 주장

앞에서도 잠깐 소개했지만, 조선 시대의 호적은 한집에 사는 사람이 누구인지 이름과 나이를 적은 이후 그 사람의 본관이나 증조부, 조부, 아버지 어머니의 이름을 모두 적어 혼동을 최대한 막았다. 이때 활용된 것은 1522년 임오년의 호적이었다. 여기에 따르면 다물사리는 이순과 정조이의 장녀로 당시 16살이었다.

이후 18년 뒤인 경자년의 호적을 보면, 사노 윤필의 아내인 양녀 이조이李召史가 31세로 기재되어 있다. 이조이의 아버지는 이순이고 어머니는 정조이였으니, 이조이는 바로 다물사리였다. 이걸 보면 다물사리가 양인이라는 것이 명백했지만, 다물사리는 호적이 잘못된 것이라며 사실을 인정하지 않았다.

보통의 재판관이라면 넘어갔을 수도 있지만, 이 재판을 담당한 송관은 다른 누구도 아닌 퇴계 이황의 손꼽히는 제자이자 굳건한 고집불통이었던 학봉 김성일金誠一이었다. 김성일은 다물사리의 신분을 다시 수사하게 했는데, 이 과정에서 다물사리가 투탁投

託한 것이 밝혀진다. 투탁이란 양인들이 세금이나 요역을 부담하지 않으려고 일부러 노비로 신분을 꾸미는 일이었다.

이지도와의 소송이 있기 2년 전인 1584년 7월 25일, 다물사리는 자신이 공노비라고 자수했다. 어째서 노비가 되었을까? 당연히 자신의 딸과 손주들을 위해서였다. 여기에는 사위 구지 역시 적극적으로 가담했고, 관리들도 매수했다. 다물사리는 자기 부모가 어릴 때 죽어서 모르지만 아무튼 관노비였고, 윤필과 혼인할 때 실수로 양인으로 기재했다고 주장했다. 그러면서 증거로 제출된 호적에도 착명을 거부했다. 한편 이지도는 다물사리가 한 거짓말들을 조목조목 지적했다.

당연히 어느 쪽이 유리하겠는가? 차츰 다물사리에게 불리한 증거들이 나타났다. 조사 결과 다물사리가 자신의 어머니라고 주장했던 성균관 노비 길덕은 다물사리가 19살이었던 1536년에 죽은 것으로 밝혀졌다. 다물사리가 자신이 5세 때 어머니가 돌아가셨다고 주장했기에 연도가 맞지 않았다. 이처럼 차츰 사실이 밝혀지자 다물사리의 자손들은 재빨리 도망가 숨었다.

결국 이 사건의 담당 송관 김성일은 이 사건의 판결을 다물사리가 자기 자식들을 빼돌리려고 성균관 노비인 척했다고 내렸다. 다물사리는 관을 속인 죄로 처벌을 받아야 했지만, 이미 70세가 넘은 노인이었으므로 벌을 주진 않았다. 하지만 다물사리의 마음은 편안하지 않았을 것이다. 자신이 노비가 되면서까지 보호하려던 딸과 손자들이 이지도의 노비로 확정지어졌으니 말이다.

이 재판은 한 달이 걸려 4월 19일에 끝났는데, 복잡한 사연치고는 꽤 빨리 끝난 소송이었다. 그리고 재판의 내역을 적은 문서는 김성일의 종가에 보관되었다. 다물사리의 사연은 안타깝긴 하지만, 양반 주인인 이지도도 사정이 어려워서 필사적인 것은 마찬가지였다. 사람이 신분으로 묶여 있던 시기, 과연 어느 쪽을 동정해야 할까? 가난일까, 신분 제도의 굴레일까?

과학 수사가 없던 시절에
친자 증명하기

허모지리許毛知里라는 사람이 있었다. 모지리라는 이름의 한자를 보고 '이게 무슨 의미의 이름일까?' 하고 굳이 한자의 뜻을 풀어볼 필요는 없다. 우리가 짐작할 수 있는 바로 그 뜻, 모자란 사람이라는 모지리를 한자로 음차한 것이 맞으니까.

대체 어느 부모가 자식의 이름을 이따위로 짓냐는 생각도 들겠지만, 예전에는 소중한 자식에게 귀한 이름을 붙여 주면 오히려 명이 짧아진다며 일부러 천한 이름을 붙이기도 했다. 그래서 조선 7대왕 세조의 손자 이름은 똥이었다. 농담이 아니라 정말이다.

세조의 둘째 아들인 예종은 한명회의 셋째 딸(장순왕후)과 결혼했고, 두 사람 사이에서 태어난 원손의 이름은 똥 분糞이었다. 고

귀한 왕손이라곤 상상도 안 되는 이름인데, 아마도 건강하게 오래 살라는 바람을 담아 지은 이름일 것이다. 그러나 이런 이름도 크게 소용없었다. 원손은 태어나자마자 어머니 한씨를 잃었고, 자신도 세조 9년인 1463년에 풍질을 앓다가 3세의 나이로 세상을 떠나고 말았다.

어쨌든 허모지리의 이야기로 돌아가서, 먼저 그의 아버지인 허안석許安石의 이야기를 해 보겠다. 허안석은 전 개성 유후開城留後 허응許應의 아들로, 어마어마한 부자였다. 부인 이씨와의 사이에서 자식이 없었지만, 노비 충개蟲介에게서 아들을 얻었는데 이가 바로 허모지리였다.

신분제 사회이고 일부다처도 가능했던 조선 시대 때 양반이 첩을 들이는 것은 그리 놀라운 일이 아니었다. 그런데 허모지리의 어머니 충개는 남편이 따로 있었다. 충개는 허안석의 부인 이씨의 종이면서 다른 노비 김승재金升才의 아내였는데, 주인의 남편인 허안석과 사통한 것이다.

한 여자와 두 남자가 얽히다니 머리가 아파지지만, 조선 시대의 연애 관계는 뜻밖에 자유분방해서 은근히 재혼하고 연애하고 불륜하는 일이 잦았다. 자식이 없었던 허안석은 허모지리를 몹시 사랑했다. 금산錦山에 부임했을 때 데려가 향교에서 글공부를 시키고 손님들에게 허모지리를 자식으로 소개하기도 했다.

동시에 허모지리는 어머니의 남편인 김승재의 자식이기도 했기에 가끔은 성을 김씨로 소개했고, 김승재가 죽은 뒤 상복을 입었으며, 결정적으로 유산 상속을 두고 김승재의 후처와의 소송에서 이기기까지 했다. 아버지의 후처라니 무슨 소리일까? 두 가지 이유가 있을 수 있다. 어머니 충개가 일찍 죽었거나, 또는 허안석의 첩으로 살았기에 김승재가 재혼했던 것일 수도 있다.

그러다 허안석이 세상을 떠나자 허모지리는 자신이 허안석의 자식이니 제사를 받들겠다고 했다. 말이 좋아 제사지 재산이 목적이었다. 그리고 허안석의 본처이자 허모지리의 적모인 이씨는 "넌 내 남편의 아들이 아니다!"라고 선언했다. 이리하여 적모 이씨와 얼자 허모지리는 어마어마한 재산을 두고 박 터지는 소송전을 벌이게 된다.

┃ 증거 조작과 매수의 향연 ┃

문제는 허모지리가 허안석의 자식이라는 증거가 찾기 어려웠다는 것이다. 지금처럼 DNA 검사를 할 수 있는 때도 아니었고, 친자식이 아니면서 자식이라고 주장하며 권리를 요구하는 일은 예나 지금이나 많이 있었다. 일례로, 조선의 두 번째 왕 정종은 기생첩이 낳은 자식은 자기 자식이 아니라 단언했고, 경혜공주의 외아들인 정미수 역시 비슷한 사연을 유서에 남겼다.

조선사 쩐의 전쟁

허안석은 생전에 허모지리를 자식으로 인정했지만, 부인 이씨는 그렇지 않았다. 이씨의 분한 심정을 이해할 수 없는 것은 아니다. 남편이 다른 여인에게서 낳아온 자식이고, 그 여인은 바로 자신의 종이었다. 남편과 종에게 모두 배신을 당한 격인데 그 자식이 예쁘게 보일 리가 없다. 차라리 자신이 딸처럼 키웠던 조카 권씨에게 모든 것을 주고 싶어 했던 적모 이씨의 심정은 충분히 이해가 간다.

하지만 허모지리는 막대한 아버지의 유산을 포기할 수 없는 엄청난 욕심쟁이였다. 결국 허모지리의 친자 확인 소송은 10년 넘게 계속되었고, 마침내 임금의 귀에까지 들어가게 된다. 1451년 9월 당시 조선의 임금은 문종이었고, 이 사실을 왕에게 알린 것은 바로 사육신 중의 하나인 박팽년朴彭年이었다.

대충의 사정을 전해 들은 왕은 "허안석이 살아 있을 때 그 아들이라고 징험할 만한 계권契券이라도 있더냐?"라고 물었다. 맞다. 증거가 없었다. 허안석이 허모지리를 자기의 아들이라며 예뻐하고 싸고 돌았다면 당연히 증인이나 유서를 남겼을 텐데 그게 없었다. 설령 허안석이 그걸 남겼어도 이씨 부인이 감췄을 가능성이 크기는 했다. 그렇다면 허모지리 쪽이 증거를 확보해야만 했다. 조선의 재판은 현대 못지않은 증거 제일주의였기 때문이다.

이 문제는 유교의 나라 조선에서는 아주 민감한 문제였다. 만약 진짜가 아닌 가짜가 대를 잇게 된다면, 진짜 조상은 제사가 끊

어지게 된다. 민담을 보면 자식이 바꿔치기되어 진짜 조상은 제삿
밥을 못 얻어먹고 굶주리는 내용도 많다. 그만큼 진짜와 가짜 자
식이 바뀌는 것을 몹시 두려워했다는 뜻이다. 정말 그런 일이 벌
어졌겠나 싶지만, 다물사리 사건을 판결했던 학봉 김성일이 나주
목사로 일하던 때 남의 집 자식을 데려와 자기 자식으로 속이려던
임씨 집안의 음모를 밝혀 낸 적도 있었다.

하여간 문종의 명령으로 허모지리 사건의 조사가 다시 시작되
었고, 이로써 밝혀진 것은 절찬리 뇌물 및 위증 대잔치였다. 이씨
부인이 남편의 친척들과 조카들에게 갖은 뇌물을 뿌리고 매수했
던 것이다.

- **이씨 부인의 조카 이흥직**李興直: 노비 25명을 받고 허 모지리
  에게 불리한 증언을 했다.
- **허만석의 아내 권씨 부인**: 이씨부인의 조카로, 재산을 노리고
  허모지리가 허안석 첩의 자식이 아니라고 말했다.
- **군사**郡事 **허징**許澄: 이씨의 사주를 받고 허안석에게 첩이 없
  다고 증언했다.
- **유맹부**柳孟敷: 이씨에게서 뇌물을 받고 허모지리에게 불리한
  증언을 했다.

밝혀진 것만 해도 대충 이 정도였는데, 조선 시대에도 뇌물 수

수 및 위증의 벌은 꽤 혹독했다. 각각 잘못을 저지른 정도에 따라 곤장 80~90대와 귀양 2년의 처벌을 받았으니 말이다. 특히 이 사건을 주도한 이씨 부인과 권씨 부인은 단의單衣로 결벌決罰하라는 처벌을 받게 된다. 이는 한 겹 옷을 입은 채로 형틀에 묶고 곤장을 때리는 벌인데, 양반 여성에게는 대단히 모욕적인 처벌이었다. 그만큼 죄질이 나빴다는 것이었다.

그래도 문종은 처벌을 좀 깎아서 곤장 대신 벌금을 내게 하고, 더 혹독하게 처벌할 사람은 귀양을 보내는 것으로 대신 했으며, 사실상 주범이라고 할 수 있는 이씨는 처벌하지 않았다. 그러나 이씨는 전혀 기뻐하지 않았을 것이다. 이로써 그가 가장 원하지 않았던 결과, 즉 허모지리가 남편의 자식으로 인정받게 되었으니 말이다.

| 결국 유산을 손에 넣었지만 |

수십 년의 소송을 통해 허모지리는 마침내 아버지의 아들로 인정을 받았다. 뿌듯하기도 했겠지만, 무엇보다 재산을 물려받게 되어 기뻤을 것이다. 허모지리는 바로 자기 이름부터 허계지許繼智라고 바꾸었다. 더 이상 모지리가 아닌 지혜 지 자를 넣어 만든 이름이었다.

허계지의 직업은 상인이었던 것 같은데, 아마 양반 아버지가 있어도 어머니가 노비였기에 과거에 나갈 수 없어서였을 것이다. 그가 했던 상업은 그냥 물건 파는 정도의 일은 아니었다. 훗날 그의 행적을 비판하는 실록의 기록에서 그 편린을 엿볼 수 있다.

> 허안석(아버지)의 산업産業이 있는 것에 의거하여 귀인貴人이나 요인要人과 교결交結하여, 무릇 대납代納하는 가운데 유리한 것이 있으면 솔선하여 했으니….
>
> 《조선왕조실록》, 〈예종실록〉 6권 중에서

여기서 중요한 말은 '대납'이다. 대신해서 낸다니 무엇을 대신 냈을까? 바로 세금이다. 방납防納이라고도 했는데, 아무나 할 수 있는 일이 아니라 권리를 가져야만 할 수 있었다. 이 권리는 다른 사람에게 팔아넘기거나 자식들에게 유산으로 상속해 줄 수도 있었다. 그리고 그렇게 해야 할 만큼 엄청난 이익을 낼 수 있는 사업이었다.

허모지리는 바로 이 세금 대납을 통해 더 많은 돈을 벌었다. 이미 아버지에게서 많은 유산을 물려받았지만, 그것만으로 만족할 수 없었던 것이다. 앞서 양아버지인 김승재의 유산도 놓치기 싫어서 후처와 소송까지 하지 않았던가?

이렇게 열심히 사업을 한 결과 허계지는 정말 어마어마한 부자

상인이 되었다. 지금 을지로 일대인 성명방誠明坊에다 으리으리한 저택을 지었는데 추녀 끝을 붉은색으로 칠하고 집뿐만이 아니라 잠자리나 옷도 모두 궁궐에 버금갈 정도로 화려했다고 한다.

허계지는 권력에 열심히 줄을 댔고 세조를 비롯한 왕족이나 귀인들이 그의 집에 놀러 오기도 했다. 그 이유는 허계지의 수양딸이 한명회의 넷째 딸이었기 때문이다. 한명회가 대체 무슨 생각으로 자신의 딸을 허모지리에게 맡긴 것인지 정확히는 알 수 없지만, 역시 돈 때문이 아니었을까?

이로써 허모지리는 한명회라는 든든한 뒷배를 얻었고, 한명회는 허모지리의 막대한 재산을 이용할 수 있게 되었다. 그야말로 정경합일政經合一의 극치였다.

| 돈만으로는 살 수 없는 것 |

이런 허계지의 삶에도 변곡점이 찾아왔다. 세조가 죽고, 예종이 왕이 된 것이었다. 원래대로라면 별문제는 없었다. 허계지는 세조의 심복이자 당대의 권신이었던 한명회와 친했고, 세조의 큰아들인 의경세자의 둘째 아들인 자을산대군의 부인은 허계지의 수양녀 한씨였다. 하지만 1457년, 의경세자는 20세의 나이로 일찍 죽고 만다.

자식을 먼저 보내는 것은 부모가 겪을 수 있는 가장 큰 슬픔이지만, 세조는 더더욱 가슴이 철렁했을 것이다. 불과 수십 년 전 세조 자신이 어린 조카를 밀어 내고 왕이 되었는데, 이제 그의 아들이 요절해서 손자가 똑같은 처지에 놓이게 되었으니 말이다.

만약 어린 손자를 왕으로 세우면 야심많은 삼촌이 왕위를 빼앗고 어린 조카들을 몰살할 수도 있었다. 업보이겠지만, 그런 업보가 자기 자식들에게 오길 바라지 않은 세조는 아직 어린 손자 대신 둘째 아들인 해양대군을 다음 왕으로 세웠다. 이가 바로 예종이다.

세조로서는 의경세자든 예종이든 둘 다 자기의 아들이니 상관없었지만, 다른 사람들에게는 그렇지 않았다. 특히 한명회에게는 더욱 그랬다. 예종은 세조의 총애를 받던 권신들, 특히 전 장인이기도 한 한명회에게 각별하게 찬밥을 먹였다. 나는 새도 떨어뜨렸던 한명회의 위세는 금방 주저앉았고, 그 줄을 부여잡은 사람도 나란히 낙동강 오리알이 되었는데 대표적인 인물이 바로 허계지였다.

예종 1년인 1469년 7월, 허계지는 죄인의 신분이 된다. 또다시 신분 문제가 불거진 것이다. 허계지는 허안석의 아들로 판정받은 지 한참이나 지났는데 대체 무슨 일이었을까. 아마도 이씨 부인의 친척들이 계속 소송을 걸었던 게 아닐까?

허계지는 '이제는' 자신이 불리하다는 것을 알아차렸고, 뇌물을 써서 매수하려다가 붙잡혔다. 사헌부는 허계지에게 매를 때리고 귀양을 보내려고 했는데, 허계지는 '또' 뇌물을 써서 감시의 눈길을 뚫고 도망쳤다.

사헌부는 "감히 법을 어기고 도망가다니! 게다가 신분에 걸맞지 않은 사치까지 저지른다! 가산을 빼앗고 처자식을 벌주자!"라며 엄벌을 외쳤지만, 예종은 아직 죄가 정해지지 않았다며 허계지의 가족까지는 처벌하지 않도록 했다. 다만 화를 부른 것은 허계지 본인이었다. 이번엔 임금의 보모에게 뇌물을 주며 매수하려고 했고, 3개월 동안 계속 숨어 있다가 국가가 대사면령을 내리자 비로소 자수를 했다.

삶의 행적만 보아도 허계지라는 사람이 어떻게 인생을 살아왔는지 명백하게 보인다. 뇌물 수수, 연줄, 매수 등등. 세조나 한명회와 친하게 지낼 수 있었던 것도 이 덕분 아니겠는가? 그리고 이 사실을 알게 된 예종은 머리끝까지 화가 났다. 이번에야말로 허계지를 반드시 죽이겠다고 펄펄 뛰었지만, 이미 사면령을 내렸으니 그럴 수도 없었다. 그해 9월, 예종은 허계지 문제로 친히 사헌부를 야단쳤다.

> 허계지許繼智는 천인賤人으로서 사치하게 집을 꾸몄고, 비단 허계지뿐만 아니라 이러한 무리가 자못 많은데도 사헌부에서는 전혀 검찰檢察하지 않는다. … 사헌부는 임금의 이목耳目이므로 나

의 과실도 말해야 하는데, 이와 같아서야 어떻게 조정을 바로잡
을 수 있겠는가?

《조선왕조실록》, 〈예종실록〉 7권 중에서

이때 허계지의 이름 석 자를 꼭 집어서 말했는데, 이렇게까지
왕에게 미움을 받게 되면 보통은 살기 어려웠다. 하지만 허계지는
계속해서 용서를 빌었고, 만약 귀양을 가게 된다면 울산이나 영일
로 보내 달라고 청탁까지 넣었다. 반성의 기미라고는 눈 씻고 찾
아볼 수 없었다. 반성을 하지 않으니까 그런 것이겠지만 말이다.

예종이 화가 치민 것도 당연한 노릇 아니겠는가? 결국 허계지는
체포되어 심문을 받았는데, 그런 와중 원래 부인을 내쫓고 새로
혼인을 해서 후처와 살고 있다는 콩가루 집안 사정도 낱낱이 밝혀
졌다. 그래서 허계지의 전처의 딸과 사위는 허계지의 곤란함을 보
고도 남일 취급했다.

| 역사를 뒤바꾼 단 하나의 소송 |

수사를 받은 끝에 허계지는 곤장 30대를 맞고 가족들과 다 함께
변방으로 귀양을 가게 된다. 자기가 가고 싶어 했던 따뜻하고 바
다 가까운 울산이나 영일이 아니라, 추운 북쪽 내륙 평안도 강계

로 떠나게 된 것이다. 그 많던 부를 내려놓고 내쳐지는 신세였으니 본인은 몹시 처량했을 것이다. 반대로 그에게 농락당한 사람들은 속이 시원했겠다.

그렇게 영영 몰락할 처지였을 것 같지만, 놀랍게도 하늘에서 구원의 동아줄이 내려진다. 예종이 일찍 세상을 떠난 것이다. 그리고 또 후계 문제가 벌어졌다. 예종에게는 제안대군이라는 아들이 있었지만, 고작 세 살이라서 너무 어렸다. 단종이 그랬던 것처럼 말이다.

하지만 세조의 왕비이자 어린 왕자들의 할머니인 정희왕후가 왕실의 큰 어른으로 살아 있었고, 다음 왕을 선택할 권한을 가지고 있었다. 새로운 임금 후보자는 세 명이었다. 의경세자의 첫째 아들인 월산대군, 둘째 아들인 자을산대군, 그리고 예종의 아들인 제안대군이었다. 이 중 다음 왕이 된 것은 자을산대군, 곧 성종이었다.

왜 성종이 왕으로 선택받았을까? 월산대군이나 제안대군이 병이 있었다거나 하는 갖은 말이 있기는 했지만, 이보다 더 간단한 답이 있다. 바로 권력! 자을산대군의 부인은 공혜왕후 한씨로 바로 한명회의 넷째 딸이자 허계지의 수양딸이었다.

이 말은 즉 한명회의 시대가 돌아온 것이고, 덧붙여 허계지의 부활을 뜻했다. 성종의 첫 번째 왕비 공혜왕후는 아이도 낳지 못하고 17세의 나이로 요절했고, 성종은 폐비 윤씨를 비롯하여 수많은 비빈을 들였다. 그래도 죽은 공혜왕후를 기억하는 사람이 있었으니, 바로 할머니인 정혜왕후였다. 성종이 즉위하자 허계지는 귀양지에서 도망쳐 서울로 돌아왔고, 그를 처벌하라는 목소리가 빗발치자 이제는 대왕대비가 된 윤씨는 이렇게 말했다.

> 허계지의 죄는 진실로 용서할 수 없으나, 주상主上과 인수왕비仁粹王妃가 모두 일찍이 그 집에 피어避御하였고, 또 중궁中宮의 수양收養이기 때문에 특별히 방면하였으니, 말하지 말라.
>
> 《조선왕조실록》,〈성종실록〉 5권 중에서

세조와 죽은 의경세자의 부인인 훗날의 인수대비를 자기 집에 초대하기도 했고, 공혜왕후를 키우기까지 했던 허계지의 엄청난 인맥이 이때 빛을 발한 것이다. 그러나 벌을 주지 않을 뿐이지 예전의 권세를 돌려주는 것은 아니라서 허계지는 다시금 귀양지로 보내졌다. 물론 신하들은 끈질기게 허계지의 처벌을 주장했다.

3년이 지난 1473년, 허계지는 귀양에서 풀려나 여전히 세금 및 방납에 손을 대고 있었다. 경주 부윤의 비리에 연루되기도 했고, 그 와중 '또' 뇌물을 받아먹은 게 드러나 이산尼山(지금의 충청남도 논산 근처)으로 귀양을 갔다가 몇 년 뒤 풀려난다. 이후의 기록은 없지만 아마 죽는 순간까지도 뇌물과 돈과 권력으로 찌든 삶을 살지 않았을까?

이처럼 끝없는 욕심으로 똘똘 뭉친 사람이 또 있을까? 출생도 꼬여 있고, 삶을 움직이는 원동력은 욕망 그 자체였다. 뇌물과 매수 등 갖은 협잡에 능했지만, 그 모든 수법이 속이 빤히 보이는 얕은 수 투성이였다. 과연 이름 그대로 모자란 사람이었을까, 아니면 지혜로운 사람이었을까? 만약 적모 이씨와의 소송에서 처음부터 허계지가 졌더라면 조선 초기의 역사가 어떻게 달라졌을까 한 번쯤 생각해 보게 된다.

6장

억울하게
빼앗긴
돈이 불러온
거대한 분쟁

다섯 번째 전쟁
부당한 세금과의 전쟁

12년 동안
죽은 남편의
세금을 낸 이유

시아버지 삼년상 벌써 지났고 갓난아인 배냇물도 안 말랐는데

이 집 삼대 이름 군적에 모두 실렸네

억울한 하소연 하려 해도 관가 문지기는 호랑이 같고

이정은 으르렁대며 외양간 소마저 끌고 갔다네.

정약용, 〈애절양〉 중에서

　정약용의 시 〈애절양 哀絶陽 〉의 시구다. 그가 살았던 시기, 조선이라는 나라는 빈부의 차이가 심하고 가난한 사람들이 살기에 너무 힘든 곳이었다. 부잣집은 매일 잔치를 벌이는데 세금 하나 내지 않았고, 가난한 사람은 열심히 살수록 힘들었다. 양반으로 태

어나 벼슬도 하고 귀양을 가긴 했어도 외갓집 덕에 그럭저럭 먹고 살 수 있던 정약용이지만, 그는 자신의 처지에 안주하는 대신 백성들의 고통을 눈여겨보았다.

정약용이 살았던 강진은 나름 풍요로운 곳이었지만, 흉년이 들자 백성들은 모래가 반이나 섞인 보리죽을 먹으며 연명했고, 굶주린 7살 아이를 길에 버리고 가기도 했다. 이런 데도 나라는 백성들을 돕기는커녕 세금을 거두어 갔다. 아니 빼앗아 갔다. 이렇게 혹독한 정치 앞에서라면 누구나 힘든 백성들의 삶은 처참하게 무너졌을 것이라고 생각할 수 있을 것이다. 아주 틀린 생각은 아니었다.

| 부당한 세금은 내지 못하겠소 |

1838년 8월 헌종 때 쓰인 문서 한 장이 있다. 노조이盧召史라는 여성의 발괄白活이다. 노조이는 최한갑의 부인으로, 아마도 양민의 여성으로 추정된다. 조선에서는 16세 이상 60세 이하의 성인 남자는 '살아 있는 동안' 군역(병역)의 의무가 있었는데, 군대를 직접 다녀오면 생업에 큰 타격이 있으니 세금을 내는 것으로 이 군역을 대신했다. 이것이 한국사 시험에 곧잘 나오는 균역법均役法으로, 영조가 시작했다.

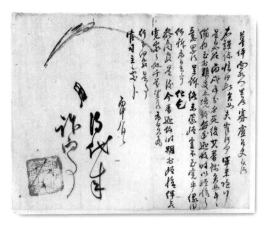

◀ 노조이 발괄
출처: 국립조세박물관

　남편 최한갑은 곡식으로 군역의 의무를 대신했는데, 1826년에
세상을 떠났다. 그런데 노조이는 계속 남편의 세금을 내고 있었
다. 자그마치 12년 동안이나! 마침내 노조이는 관청에 호소했다.
12년 전 죽은 남편의 세금을 아직도 내고 있는데, 힘들어서 안 되
겠으니 탈하頉下◆해 달라는 부탁이었다. 자세한 사정은 모르지만,
아니 모른다 해도 죽은 사람의 세금을 내는 처지가 너무나도 황당
하면서도 안타깝기 그지없다.

　이것이 바로 죽은 이에게 매기는 세금인 백골징포白骨徵布였다.
아직 군역의 의무가 없는 젖먹이에게 매겨진 세금은 황구첨정黃
口簽丁이라고 했다. 어째서 이런 세금이 존재했을까? 거두어야 할
세금의 액수는 정해져 있는데 낼 사람이 없으니 남은 사람들을 어

◆ 사고(事故)가 있을 때 그 역(役)을 면제하여 주는 일.

떻게든 쥐어짜기 위한 편법과 같은 제도였던 것이다. 그렇기에 노조이의 발괄에 돌아온 대답은 단 여섯 글자였다.

대신할 사람을 데려와서 소장을 내라.

得代來訴向事 (득대내소향사)

초평면 수문리 노조이 발괄 중에서

세금을 대신 낼 사람을 구해 오라는 말인데 대체 누가 세금을 대신 내 준단 말인가! 결국 노조이는 계속 세금을 내야 했을 것이다. 노조이가 죽은 다음에는 누가 그 세금을 내게 되었을까? 이렇게 하찮은 문서 한 장에서도 후기의 조선이 참으로 답 없는 나라였음을 알게 되니 씁쓸하다. 당시는 군역만이 문제가 아니었다. 조선의 가장 큰 문제는 방납의 폐단이었다.

원래 세금은 전세田稅, 역役, 공납貢納 세가지였다. 토지에서 농사를 지어서 얻은 소출의 일부를 내는 게 전세였고, 군대를 비롯한 노동력을 제공하는 것이 역, 지역의 특산품을 바치는 것이 공납이었다. 국가가 운영되려면 세금 말고도 필요한 물건들이 있다. 조선 초기만 해도 상업이 발달하지 않아 사서 쓰기 어려웠으니 공납도 나름 필요한 제도였다. 하지만 세월이 지나도 업데이트가 없었던 게 문제였다. 백성들은 내야 할 특산품을 웃돈을 주고 사와야 할 만큼 많은 고통에 시달렸다.

1791년, 흑산도의 백성들이 한양까지 찾아와 세금 문제로 격쟁을 했다. 흑산도는 닥나무로 만드는 종이가 공물이었는데, 어느 순간 흑산도의 닥나무가 멸종해 버렸다. 하지만 종이를 공물로 바쳐야 하는 것은 여전했기에 다른 지역의 종이를 사 와서 나라에 바쳤다. 여기에 드는 비용이 자그마치 500냥이었다.

이 돈을 확보하기 위해 노인이든 이미 죽은 사람이든 어린애든 모두 돈을 내야 했다. 앞서 노조이가 당했던 일과 똑같다. 결국 흑산도의 주민들은 먼 여행을 떠나 한양까지 찾아와 억울함을 호소했다. 다행히 이때의 왕은 정조였고, 좌의정 채제공蔡濟恭도 이런 흑산도의 사정을 딱하게 여겼다.

> 외딴섬의 민폐는 변통하지 않을 수 없으니 종이 나는 곳으로 지정한 것을 영원히 혁파해 주고 양향청에서 쓰는 것은 호조로 하여금 지급하게 하소서.
>
> **《조선왕조실록》, 〈정조실록〉 32권 중에서**

매우 현명한 결정이다. 닥나무가 없는 흑산도 사람들을 괴롭히느니, 그냥 시장에서 돈 주고 종이를 사 오면 해결되는 것이었다.

그보다 앞선 1787년, 지금의 강원도 고성 일대인 간성杆城 사람들은 공물인 인삼의 가격이 너무 올라 힘들다고 호소했다. 조선 초기에 비하면 인삼의 가격은 그야말로 천정부지로 치솟았지만 내야 할 인삼의 양은 변하지 않았던 것이다. 이번에도 정조는 이들 지역이 내야 하는 인삼의 양을 줄여 주었다.

> 지금 폐단을 구제할 방도는 원공元貢◆을 헤아려 줄이는 것만 한 것이 없겠다.
>
> 《신역 조선왕조실록》, 〈정조실록〉 중에서

이쯤에서 의문이 생길지도 모르겠다. 바로 이런 문제를 해결하기 위해 대동법大同法◆◆이 있었던 게 아니냐고. 물론 효종 때인 1651년부터 김육金堉의 주도로 공물을 곡식으로 대신 내는 대동법이 차차 시행되었고 이후로 부담이 많이 줄어들었지만, 그래도 이 문제가 완전히 사라지지는 않았던 것이다.

ㅣ악덕 세금 징수업자들의 최후ㅣ

세금 문제는 오직 착한 왕에게만 호소해서 해결되는 것은 아니었다. 1898년, 지금의 경기도 포천인 영평군의 푸줏간 주인인 김용진이 올린 소지가 남아 있다. 동네가 너무 가난하고 벌이가 없

◆ 원래 바쳐야 하는 세금.
◆◆ 지방 특산물이 아닌 쌀로만 세금을 내도록 하는 제도.

어 내야 할 세금을 마련할 수 없다는 호소였다. 김용진은 소지를 올리며 하소연으로 끝내지 않고 구체적인 대안을 제시했다. 장사가 잘되지 않는 6개월 동안 세금을 감면해 주면, 장사가 잘되는 6개월은 매달 40냥씩 내겠다고 한 것이다. 결국 절충안으로 5개월을 감면해 줄 테니 7개월은 세금을 내라는 답변이 돌아왔다.

김용진의 신분은 무엇이었을까? 푸줏간을 운영하는 것을 보면 양반은 아니고 양인이거나 혹은 백정이었을 확률이 크다. 그렇다면 그런 사람조차도 세금 감면을 요청할 수 있었다는 뜻이 된다.

하지만 탐관오리가 있다면 문제는 심각해졌다. 어느 나라 어느 시대든 지방 관리들의 토색討索질***은 문제가 심각했다. 조선 시대의 사또(현감)를 보좌하는 육방관속은 이방, 호방, 예방, 병방, 형방, 공방의 여섯이었는데, 이들은 할 일은 많되 급료는 한 푼도 없어 자주 토색질을 하곤 했다. 세금을 매기고 거두는 일을 담당한 면임배面任輩들도 자주 횡포를 부렸다. 이렇게 부당하게 매겨지는 세금을 부결浮結이라 했는데, 대체로 여섯 종류가 있었다.

① **무토허복**無土虛卜: 땅이 없는 사람에게 땅이 있는 것처럼 허위로 세금을 매긴 것
② **백지원징**白紙寃徵: 원래 세금을 내지 않아도 되는 땅에 억지로 세금을 매기는 것

*** 돈이나 물건 따위를 억지로 달라고 하는 짓.

③ **부복**: 결세 부과액에 근거 없는 금액을 덧붙이는 것

④ **가복**: 수확량을 부풀려서 세금을 매기는 것

⑤ **기탈**: 땅이 있고 소출이 있음에도 세금을 매기지 않는 것

⑥ **철탈**: 아무 이유가 없는데도 세금을 깎아 주는 것

이 중 1번에서 4번까지는 힘없는 백성들을 쥐어짤 때 쓰는 것이고, 5번과 6번은 관리들과 결탁한 사람들에게 베푸는 특혜였다. 정약용이 말한 '부잣집에서는 쌀 한 톨 가져가지 않는다'라는 말은 이런 부정한 세금 때문이었다. 그러나 조선의 사람들은 당하고만 있지는 않았다. 앞서 소개했던 노조이처럼 부당한 세금에 항의하고 싸웠다.

1895년, 개성에서 살았던 노비 돌쇠 역시 세금 문제로 청원을 올렸다. 그런데 돌쇠는 그냥 노비가 아니라, 김진사라는 양반 집의 운영을 담당한 수노首奴였다. 요즘 식으로 말하면 집사라고나 할까? 그래서 주인을 대신해서 면임배들이 부당하게 매긴 세금을 돌려 달라고 호소했다.

원칙적으로 토지세는 땅의 비옥한 정도나 그해 농사가 풍년인지 아닌지 여부까지 모두 세금을 매길 때 반영했다. 현대에서 세금을 거두어 갈 때 벌이에 따라 금액이 달라지는 것과 같다. 그래서 매년 세금을 매길 때 농사가 지어진 상황을 직접 확인한 뒤 세금을 매기는 절차가 있었다. 그런데 사건이 벌어진 해 면임배 세

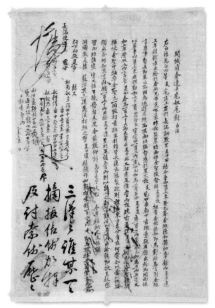

◀ 돌쇠 발괄
출처: 국립조세박물관

사람이 규정보다 무거운 세금을 매기는 것도 모자라, 자신들의 수고비 足價까지 요구하면서 가족들을 때리고 돈을 뜯어 갔다.

그러니 어찌하겠는가? 청원을 할 수밖에. 돌쇠는 경기도 장단 부사에게 벌어진 사건을 알리고, 가해자들을 처벌할 것과 더불어 과다납부한 세금을 되돌려 달라고 청원했다. 그러면서 이미 낸 세금의 영수증을 첨부했는데, 부당하게 매겨진 세금이 무려 120 냥이에 달했다. 이 청원은 받아들여졌고, 면임배들은 처벌을 받았다.

이 일이 있기 1년 전인 1894년, 경상남도 경주 강동면 국당리에서는 세금을 거두는 관리인인 김성택이 국당리의 사람들이 세금을 내지 않아 558냥 6푼을 거두지 못했다고 고발했다. 하지만 이것은 사실이 아니었다. 국당리 사람들은 분명히 세금을 납부했다. 그래서 1902년, 경주 강동면 국당리의 권씨 집안의 노비인 운세, 정씨 집안의 노비인 일례 등의 21명은 김성택을 상대로 집단 소송인 등장等狀을 벌였다. 이 사건은 결국 김성택이 거짓말을 한 것이 밝혀져서 승소했다.

하지만 국당리의 사람들은 그것만으로는 부족하다고 생각했는지 같은 해 9월에 경주군수에게 소장을 올려 김성택을 처벌해 달라고 요청했다. 아마도 김성택이 항소했거나, 그가 다시 세금을 담당하지 못하게 하려는 의도였을 것이다. 이에 경주군수는 마을 사람들의 정당함을 인정하면서, 다시금 억울한 피해를 당하지 않게 하겠다고 약속했다.

이때 집단 소송의 첫머리에 이름을 올린 게 권씨 집안 노비라는 것을 보면, 이것 역시 양반들이 배후에 있었다고 생각할 수도 있지만, 이 등장의 말미에는 누구의 노비도 아닌 사람들의 이름들이 적혀 있었다.

이것이 쓰여지기 8년 전, 전라남도 고성에서는 군수인 조병갑의 탐관오리 짓에 견디지 못해 사발통문을 적은 녹두장군 전봉준이 들고 일어나기도 했다. 이처럼 조선의 사람들은 부당한 일 앞에서 언제나 힘을 합쳐 저항하며 살아왔다.

| 암행어사 출두야! |

《춘향전》을 비롯한 여러 고전에서 최고의 카타르시스가 느껴지는 대목은 역시 암행어사 출두다. 남루하게 차려 입은 선비가 동네 이곳저곳을 떠돌아다니며 사정을 듣는다. 억울한 사정, 안타까운 사연, 권력이 저지르는 부정부패도 있다. 모든 것을 조사한 선비는 관아에 들어서 품 안에 숨겨져 있던 마패를 꺼내어 들고 이렇게 외친다. "암행어사 출두야!" 이를 들은 탐관오리는 놀라 벌벌 떨고, 육방관속들은 넋을 놓는다. 암행어사는 관복으로 갈아 입고 추상 같은 명령을 내린다. 그제야 백성들은 그동안 쌓인 억울함을 토로하게 되었다. 탐관오리는 삭탈관직되고, 백성들은 웃음꽃이 피고, 나라는 더 좋아지는 행복한 결말이 찾아온다.

사실 암행어사는 그야말로 극한 직업이었다. 암행어사에 임명되면 가족에게 알리지도 못하고 떠나야 했고, 사람들 소문보다도 빨리 움직여야 했으니 제대로 쉴 수도 없었다. 운 나쁘면 호랑이나 도적을 만나 생명의 위험을 겪을 수도 있었다. 그래도 세상의 잘못을 바로잡는 정의의 어사는 백성들에게 한 줄기 희망이었다. 가장 유명한 암행어사라면 역시 박문수朴文秀겠지만, 이 자리에서는 부당한 세금 문제를 해결하는 데 전문가였던 이면승李勉昇을 소개하려 한다.

순조 시대는 세도정치가 한창이었던 때로, 제대로 나라가 다스려지지도 않고 훌륭한 사람이라곤 눈 씻고 찾아도 없을 것 같던 시대였다. 그러나 당시에도 틀림없이 인재는 있었다. 순조 8년인 1808년, 이면승은 전라도 암행어사로 임명받아 전라도 곳곳을 탐문하고 자세한 보고서를 올렸다. 순조는 한양으로 돌아온 이면승을 직접 만나 사정을 들었는데, 이때 이면승은 환곡의 문제가 심각해서 나라를 좀먹어 들어가고 있음을 확인했으며, 하루빨리 개혁해야 한다고 주장했다.

> 대체로 의식이 넉넉해야 풍속이 좋고 나쁘고를 말할 수 있는데 지금은 생명이 위태로운 상황이라 모두가 목숨을 부지하기에도 부족하니 어느 겨를에 백성들의 풍속이 좋은지 나쁜지를 논하겠습니까.
>
> 《일성록》, 〈순조〉 편 중에서

전전라도는 드넓은 곡창지대를 가진 풍요로운 곳이었지만, 오히려 그래서 이곳에 부임한 관리들은 더 많은 부정을 저질렀다. 이면승이 알린 전라도의 상황은 몹시 심각했다. 남원에서는 있지도 않은 150여 명의 세금이 더 거두어졌고, 금산에서는 환곡을 빼돌려 백성들이 굶주렸다. 같은 시기, 충청도의 암행어사였던 김상휴金相休가 올린 보고서 역시 대단했다. 실태 조사도 그렇지만, 돈계산이라는 측면에서 특히 그랬다.

화속전火粟田에 세를 더 징수한 것은 59결結 5부負 8속束입니다. 1결당 3냥씩 총 177냥 1전 7푼의 돈을 백징白徵하여 가져다 썼습니다. 이른바 별도로 새로 경작한 전답과 별도로 도로 경작한 전답에 더 징수한 것은 165결 52부 4속입니다. 1결당 8냥 5푼씩이나 7냥 2푼씩 총 1246냥 9전 6푼의 돈도 백징하여 가져다 썼습니다. 보역고補役庫에서 횡령한 돈은 632냥 9전 7푼입니다.

《일성록》,〈순조〉편 중에서

충청도도 전라도 만큼이나 부당한 세금으로 백성들이 괴롭힘을 당하고 있었다. 이면승은 임금에게 이 문제의 해결을 강력하게 주장했다. 순조는 매사 의욕이 없고 신하들에게 일을 떠넘겨 세도정치가 시작하게 만든 왕이었지만, 그래도 이면승의 보고에 호응을 보였다. "수많은 폐단을 비록 갑자기 모두 고치기는 어렵지만 그중 더욱 심한 것은 바로잡지 않을 수 없다"라고 말하며 말이다.

간혹 백성들이 직접 암행어사에게 청원을 올리기도 했다. 1857년 전라도 나주 지죽면에 살았던 이영이는 암행어사에게 잘못 부과된 토지세와 관련한 청원을 올렸다. 이부호라는 사람이 관리와 짜고 자기가 낼 세금을 이영이와 다른 사람들에게 3년째 떠넘긴 것이다. 암행어사는 "억울함을 살펴 바로잡겠다"고 대답하고, 나주목사에게 이 문제의 처리를 명했다.

이처럼 조선의 백성들은 부당한 세금에 찍소리도 내지 못하고 순순히 뜯기고만 있지 않았다. 녹두장군이 있었고, 한밤중에 횃불을 들고 모여 악덕 사또에게 욕을 했던 농민들도 있고, 300년 동안 정명공주의 후손들과 세금 소송을 벌였던 하삼도의 사람들이 있었다. 조선에는 많은 문제가 있었지만, 이렇게 수많은 법과 규칙, 그리고 훌륭한 인재들이 아슬아슬하게 나라를 지탱하고 있었다.

여기까지는 훈훈하게 마무리된 이야기이고, 이제부터는 그렇지 못했던 사연을 이야기해 보겠다. 당시에 모든 세금이 부당하지는 않았고, 모든 호소인이 억울하지는 않았다. 지금도 세무서 앞에 붙어 있는 고액체납자 명부가 보여주듯, 그때도 돈을 내기 싫어서 어떻게든 세금을 깎아 보려는 사람들이 있었다.

1782년 3월 1일, 평안도 정주定州의 김연서金淵瑞가 한양으로 올라와 격쟁을 했다. 자기 아버지의 땅 700마지기에 매겨진 세금 10,000냥이 부당하다는 이유에서였다. 이때 김연서는 13살이었는데, 어린 나이이기는 하지만 당시에는 그보다 더 어린아이들도 격쟁을 했다. 아무튼, 애초에 땅 700마지기가 있다는 것은 엄청난 부자란 뜻이다. 게다가 내야 할 세금이 1만 냥이라니, 이 돈이라면 한양에서도 입지 좋고 100칸이 넘는 기와집을 살 수 있을 거금이었다. 대체 무슨 일이 있었기에 이 큰돈을 세금으로 내야 했단 말인가?

김연서는 아버지의 땅이 국유지에 섞여 들어가서 그렇게 되었다고 주장했지만, 뭔가 수상하긴 수상했다. 정조는 김연서가 하는 말이 어린애답지 않다며 제대로 조사하라고 명령했다. 형조와 호조의 합동 조사가 벌어지자, 김연서는 곧 다른 사람들이 시켰다고 실토했다.

이 사건은 김연서의 아버지인 김원태金元泰에게서 시작했는데, 1년 전 김원태는 부당한 세금을 내서 억울하다고 징을 두들겼다. 그러나 앞서 억울한 세금 때문에 싸움을 시작한 흑산도 사람들과 달리 사리사욕을 위해 격쟁했다는 죄목으로 귀양을 가는 신세가 되었다.

일이 그 지경이 되어서도 여전히 세금이 내기 싫었던 김원태는 어린 아들을 시켜 다시 한번 격쟁을 한 것이었다. 사정을 알게 된 정조는 몹시 괘씸해 했지만, 김연서는 아직 어렸기에 벌을 내리지 않고 집으로 돌려보냈다. 사실 정말 나쁜 것은 아이의 손에 징을 들려주고 치게 한 어른들이었다.

이렇듯 세금을 어떻게든 부당하게 깎으려는 악덕 이기주의자들도 존재하기는 했지만, 그래도 이보다 더 많은 이들이 최대한의 공정함을 구했고 자신의 권리를 지키고자 노력했다. 안 그럼 조선이 그렇게 오래 지속되지 못하고 애저녁에 망하지 않았을까?

한강을 둘러싼
어마어마한
이권 쟁탈전의 승자는?

아주 먼 옛날부터 커다란 도시는 큰 강을 끼고 들어섰다. 수많은 인구가 쓸 생활 용수를 공급하고 식량과 물품들을 실어 나를 수 있기 때문이다. 조선의 수도인 한양에서는 한강이 그러한 역할을 했다. 지금은 고작 아파트 뷰나 집값 향상을 위한 목적으로나 사용되지만, 원래는 수송 수단이 발전하지 않았던 조선 시대에 식량과 목재, 소금 등등을 실어 나르는 생명줄이었다.

순조 시대에는 한강을 통해 1년에 1만 척의 배가 오고 갔다고 하니, 계산해 보면 적어도 하루에 20~30척은 드나들었을 것이다. 이렇게 활발한 무역이 이루어지는 한강을 무대로 돈벌이를 한 이들이 있으니, 바로 경강상인京江商人이었다.

조선의 상업이 발달했던 후기에 특히 전성기를 맞이했던 경강 상인들은 본업인 장사 외에도 국가의 세금을 수송하면서 막대한 이익을 챙겼다. 하지만 유교의 나라에서 상업은 가장 천대받는 직업 중 하나였고, 한강 근처에 사는 사람들인 강민江民은 대놓고 천대를 받아 '강놈'이라는 욕설도 들었다.

경강상인들은 이익을 위해 물불을 가리지 않는 이가 많았고, 이 때문에 수많은 사건과 범죄에 연루되었으며, 소송을 좋아한다는 뜻에서 호송지민好訟之民이라는 별명도 가지고 있었다. 사실 지금도 그렇지만 재판과 소송은 대단히 힘든 일인데, 오히려 그걸 좋아한다니 비꼬는 말인 동시에 욕하는 말이었다. 어째서 이들은 그렇게 많은 소송을 벌였을까?

여러 이유가 있었겠지만 가장 큰 이유는 그렇게 할 만큼 커다란 이익, 간단히 말해 돈 때문이었다. 앞서 말한 대로 한강 유역은 조선에서 가장 많은 재물이 모여드는 곳이었다. 수많은 인구를 먹여 살리기 위한 쌀들은 용산의 창고에 쌓였고, 젓갈들은 마포에 모였으며, 그들이 사용할 땔감들은 뚝섬에 모였다.

이런 한강의 상권에도 나름의 생태계가 있었는데, 1789년 당시 한강 일대에는 망원과 합정에 빙어선, 서강에는 세금 곡식, 노량진에는 수어선, 마포에는 청석어선이 입항했다. 각 지역은 독점적으로 영업을 했는데, 맛있는 음식이 있는 곳에 파리가 꼬이듯 한정된 이익을 놓고 각종 분쟁이 끊이지 않았다.

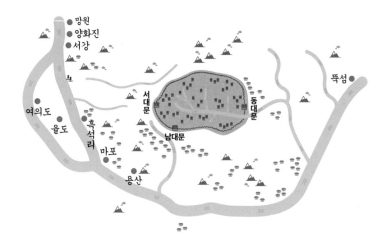

　1789년 12월 14일, 한강 일대의 각종 사건 사고들이 왕에게 보고되었다. 그동안 있었던 불편 사항들을 정리한 것인데, 이것만 보면 한강은 그야말로 거대한 아수라장이었다.

- **서강**: 배가 망가지면 원래 그에 해당하는 세금을 깎아 주기로 했는데, 그러지 않고 있다. 세금을 깎아 달라.
- **양화진**: 과천에서 필요 물품을 실어나르는데 그 비용을 우리에게 떠넘긴다. 세금을 두 번이나 내니 억울하다.
- **여의도**: 호조의 땅을 빌려 농사를 짓는데, 흉년에도 세금을 그대로 거두어 가고 있다.
- **서강·흑석리**: 운수업을 하는데 용산 사람들이 우리 일거리를 다 빼앗아 간다.

- **용산:** 세금을 나르며 먹고사는데 창고의 일꾼들이 규정보다 더 받아간다.
- **마포:** 우리는 청석어선으로 살아가는데 모리배들이 우리 걸 빼앗아 가고 있다.
- **용산:** 경기 대동 창고의 역인(대동의 창고를 육지에 날라 주고 고가를 받아먹는 사람)을 빼앗겼다. 억울하다.
- **망원·합정:** 우리는 빙어선으로 먹고 사는데 서강의 사람들이 빼앗아 갔다. 억울하다.
- **서강·율도:** 어선과 염선이 생업인데 이전에 세금이 너무 과해서 감면을 요청했으나, 다시 무거운 세금을 매기고 있다.
- **뚝섬:** 우리 생업은 목재를 한양으로 실어나르는 것인데 내장목전內長木廛 상인들이 우리 생업을 가로채고 있다.
- **용산:** 용산에 쌀 파는 미전이 없어서 언덕을 넘어 마포까지 가야 해서 너무 힘들다. 미전을 설치해 달라.
- **염선 선원 김중철:** 남양 관아에서 갑자기 없던 소금세를 만들었다.

정리하자면 대체로 경제적 이익과 그로 인한 충돌이 많았다. 왕에게까지 올라간 것은 그나마 사안이 큰일들이고, 이보다 사소한 일들은 훨씬 많았을 것이다. 실제로도 이 모든 보고의 마지막에는 앞으로도 자세한 조사가 필요하다는 말이 있었다. 그만큼 단순히 판결을 내리기 어려울 만큼 복잡한 문제들이었다는 뜻이다. 가장 유명한 빙어선氷魚船 때문에 벌어진 전쟁을 들여다보자.

빙어란 무엇인가? 조선 시대의 사람들도 지금처럼 물고기를 참 많이 먹었다. 하지만 물고기는 상하기 쉬웠기 때문에 보통 창자를 빼내고 말려서 포로 만들었다. 하지만 보관 기술이 발전하며 신선한 물고기를 언제나 먹을 수 있게 되자 생선生鮮이라고 불렀다. 조선 시대의 빙어선은 일종의 냉장선이었다. 얼음을 잘게 부수어 깔고 그 위에 조기, 도미, 준치, 민어 등의 물고기를 마치 샌드위치처럼 쌓았는데, 이러면 2주는 너끈하게 갈 수 있었다.

구한말 물고기를 서울로 실어 나르는 배는 모두 160여 척이었는데, 그중 90척에 이런 냉장 설비가 있었다. 빙어선 한 척에는 조기가 13만 마리 실렸고, 도미는 6천 5백 마리가 실렸다. 이렇게 한양으로 온 물고기들은 사람들의 뱃속을 풍요롭게 하고 큰 돈벌이가 되었다. 돈이 되자 업자들 사이에서 경쟁과 견제가 시작된다.

먼저 여객을 설명해야겠다. 조선 시대에는 이곳저곳 돌아다니며 물건 파는 사람이 있었고, 전국에 집이 있는 것이 아니기에 당연히 숙소를 찾아야 했다. 이것이 여객이다. 외지 손님을 묵게 하는 데는 허가증이 필요했다. 여객에서 단순 숙박업이 아니라 손님(상인)이 가져온 물건을 현지 상인에게 중개하는 일까지 했기 때문이다. 또, 손님으로 받을 수 있는 인원 수가 정해져 있었다. 지금으로써는 생소한 개념이긴 한데, 결국 유통업 더하기 숙박업이라

고 할 수 있다. 약 10퍼센트의 중개료를 받았는데, 이것을 구문口
文이라고 했다. 수많은 경제적 분쟁이 모두 이 때문에 벌어졌다.

| 3년 동안 징을 치니 임금이 소원을 들어준다 |

배가 가는 것은 뱃사공 마음이다. 그 말대로 어느 여객을 이용
하느냐는 배 주인, 곧 선주의 마음대로였다. 그러면 당연히 대우
도 좋고 좋은 값을 받을 수 있는 곳으로 가는 것이 사람의 본능 아
니겠는가? 이 때문에 빙어선들은 서강의 정용하 형제가 운영하는
여객으로 몰리게 되었다. 덕분에 망원과 합정의 여객 주인들은 곤
란을 겪게 되었다.

영조 48년인 1774년에 형조에 소송을 걸게 된다. "이대론 다 굶
어 죽겠다! 서강의 사람들이 우리 벌이를 죄다 빼앗아 간다! 빙어
선을 서강에서 독점하지 않게 해 달라!"라고 말이다. 한마디로 '골
고루' 나눠서 배치해 달라는 요구였다. 어사까지 출동하여 상황
을 조사한 뒤 배를 분산하라는 명령이 떨어졌지만, 서강에서 항소
를 했다. 배들이 알아서 자기 좋을 곳에 정박하는 것에 국가가 개
입하면 안 된다는 것이었다. 틀린 말은 아니었지만 그대로 내버려
두면 망원과 합정 일대 사람들의 생계가 위태로웠다.

망원-합정 사람들은 계속 한성부, 비변사, 형조에 돌아가면서

소지를 올렸고, 조선 정부는 제대로 조치하지 않았다. 실제로 할 수 있는 일이 없어서였을 것이다. 그러니 합법적인 방법으로 문제가 해결되지 않는다면 이제 남은 것은 격쟁으로 왕에게 직접 하소연하는 방법 뿐이었다.

그리하여 1780년 합정의 주민인 정수鄭璲가 대표로 나서서 징을 두들겼다. "지난 1753년부터 빙어선 영업은 우리 것이었는데 저 나쁜 서강의 놈들이 독점하고 있습니다!" 그러면서 자신들은 아주 먼 옛날, 성종의 형인 월산대군이 빙고를 설치한 이래로 줄잡아 수백 년 동안 빙어선의 독점권을 가지고 있었다고 주장했다. 이 말이 진실인지는 둘째 치고, 빙어선 주인들에게 자기 밥줄이 걸려있었으니 먹고사는 일보다 뭐가 더 중요하냐고 외쳤을 것이다. 그렇지만 이들의 요구는 받아들여지지 않았고, 정수는 오히려 곤장을 맞았다.

이후로도 정수는 1781년, 1782년까지 총 3년 동안 연속 격쟁을 하며 제발 이 문제를 해결해 달라고 요청했다. 결국 형조는 잘못된 격쟁을 하는 정수를 비롯한 관련자들을 엄히 처벌하자고 말했다. 그러나 그때의 왕이 누군가? 없는 일도 만들어서 하는 일 중독자인 정조였다. 비록 규정에는 어긋나지만 폐단인 것은 맞으니 조사를 하라고 명령한 것이다. 과연 지성이면 감천이라고, 3년 동안 끈질기게 징을 치면 임금님도 소원을 들어주는 것일까? 다만 수사 결과는 망원-합정 상인들에게 그다지 유리한 내용이 아니었다. 이 모든 문제는 서강으로 빙어선들이 몰렸기 때문인데, 따지고 보면 서강의 정용하도 독점권을 가지고 있었고, 이게 억울하다며 소지를 올린 정수도 독점권을 가지고 있었다. 게다가 여기에는 미약하나마 시장 경제의 논리가 작동하고 있었다.

> 원래 어선이 팔강八江(한강)에 정박하는 것은 정한 장소가 없었습니다. 갑甲과 친하면 갑을 주인으로 정하고, 을乙과 친하면 을을 주인으로 삼아 정박하는 것입니다. 주인과 객상이 오로지 이익만을 보고 오가는 것은 너무나 당연한 일로서, 본래 관청에서 관여하는 일이 아닙니다.
>
> 《일성록》, 〈정조〉 편 중에서

즉, 스스로 가고 싶어 가는 배를 나라가 어떻게 막느냐는 것이다. 이런 결정이 내려졌음에도 70세의 노인 정수는 계속 격쟁을 했고, 결국은 유배까지 가게 되었다. 여러모로 번거로워진 관리들은 "정수는 물론이거니와 정용화도 다 쫓아내 버릴까?" 하는 의견까지 내기도 했다.

정수는 절대로 꺾이지 않는 의지의 사람이었고, 1783년부터 1785년까지 매년 징을 두들기며 망원과 합정에 빙어선을 정박할 수 있게 해 달라고 요구했다. 이 정도면 훌륭한 악성 민원이다. 매번 곤장을 맞고 귀양을 다녀오면서도 굴하지 않는 그의 태도에

질러버린 형조는 어떻게든 합의를 시켜 보려고 애썼지만 효과가 없었다. 1785년, 정수는 또 곤장을 맞고 충청도 해미현으로 유배를 떠나게 된다. 그의 나이를 생각하면 이 처벌은 매우 혹독했고, 이것을 마지막으로 정수의 기록은 보이지 않는다. 그리하여 총 7번에 달한 격쟁은 끝내 원하는 결과를 가져오진 못했지만, 최소한 정조를 비롯한 조선의 관리들에게 이 빙어선이 대단한 문제라는 인식을 가지게 했고 국가의 현안이 되게 하는 데 성공했다.

정수 이후로도 다른 망원-합정의 사람들은 빙어선 문제로 소송을 계속했다. 1816년에는 빙어세라는 세금을 내고 빙어선 영업을 독점하려고 했다. 당시 국가의 재정이 어려웠기에 이 정책이 채택될 뻔 했지만, 많은 신하들이 반대했다. 독점이 벌어지면 가격이 오르게 되고, 그러면 피해를 입는 것은 오롯이 백성들뿐이라는 이유였다. 지극히 온당한 말이었지만, 이때는 현명한 왕이 다스리지 않는 세도정치의 시대였다. 결국 망원-합정의 사람들은 승문원에 빙어세를 바치고 빙어선 영업을 독점하기 시작했다.

이걸로 이야기가 끝나면 좋은데, 오랜 시간이 흐른 1853년 세기의 사기꾼이 하나 나타나게 된다. 바로 이진호라는 사람이다. 이진호는 할아버지 효령대군의 옛 저택이던 희우정을 방문하여 빙어선의 권한과 빙고 10곳의 권한이 모두 자기 것이라고 주장했다. 그러면서 증거를 제시했는데, 무려 1425년에 세종대왕이 형 효령대군에게 빙어세를 받아 낼 권한과 빙고 10곳을 내린다고 쓴 어필御筆, 즉 임금이 직접 쓴 완문이었다.

지금으로부터 무려 400년 전의 계약서가 무슨 효과가 있을까 싶지만, 문제는 왕이 직접 쓴 글이라는 점이었다. 그런데 이 문서가 왜 400년이나 흐른 뒤에야 세상에 드러났을까? 이진호는 집안에서 내내 보관했는데 전쟁 때 도둑맞았고, 그다음 순조 때 악당들이 소송을 걸어 문서를 빼앗아 갔다고 주장했다. 한성부는 이 사건을 조사한 뒤 빙어세를 거둘 권리를 이진호에게 돌려주라는 판결을 내렸다. 하지만 승소만 했을 뿐이지 실제로 세금을 받아낼 수는 없었고, 이 때문에 이진호는 앞서 정수의 기록을 넘어서는 10번 상언과 14번 격쟁을 했지만 요구가 관철되지 않았다.

| 줬다 뺏고, 또 줬다 뺏기 |

이 다툼은 철종 때까지 이어진다. 관리들의 태도는 영 뜨뜻미지근했다. "왕명이 얼마나 중요한데, 강의 백성들이 문서를 빼앗아 갔다는 것이 말이 되는가?"라는, 어떻게 보면 참으로 지당하고도 상식적인 발언이었다. 그래도 이진호의 편으로 여론이 기울어지던 찰나, 충격적인 사실이 밝혀진다.

이진호가 증거로 제시한 문서들을 형조가 검토해 본 결과 왕이 내린 명령이 아니라 그냥 평범한 소송 문서였고, 그 외는 죄다 위조된 것이었으며, 이진호도 효령대군의 후예가 아니라는 사실이었다. 결국 돈을 노리고 대단위 사기극이라는 것인데, 형조의 철저한 수사 앞에 진실이 밝혀진 것이다. 결국 이진원은 충청도 태안으로 유배를 가게 되었다. 그만큼 얻을 수 있는 이익이 크고 거대하기에 이런 사기도 친 것이리라.

이런 치열한 소송은 또 있었다. 《경기도장토문적京畿道庄土文績》에 실린 남양부南陽府의 주인권 소송이다. 남양부는 지금의 화성-안산-인천 일대로, 이곳의 섬에서 상인들을 숙박하게 하고 상품을 중개하는 권리를 두고 싸움이 벌어진 것이다. 1700년, 남양부에 위치한 섬들의 주인권은 50냥에 팔렸다. 그리고 46년 뒤에는 60냥으로 가치가 상승했다. 이렇게 가격 변동을 알 수 있는 이유는 주인권이 계속 팔렸기 때문이다.

처음엔 민자귀라는 사람이 가졌다가 김해민이라는 사람에게 팔았고, 김해민은 아들인 김득대에게 물려 주었다. 김득대가 세상을 떠난 뒤 주인권은 그의 아내인 도씨가 가지게 되었다. 1783년, 도씨 부인은 이 주인권을 한강변에 사는 양달하라는 사람에게 팔아 넘긴다. 무려 150냥이라는 거금이었다. 원래 가격의 세 배가 되었지만 도씨 부인은 여기에 만족하지 못했다. 그래서 한 달 만에 판매를 무효화하고 다시 돌려받은 뒤(환퇴), 백성운이라는 사람에게 200냥을 받고 팔았다.

이것만 해도 엄청난 이익을 낸 것이었지만 사람의 욕심에는 끝이 없다고, 도씨 부인은 또 백성운에게 주인권을 돌려 달라고 요구했다. 아마 더 비싸게 사겠다는 사람이 나왔을 것이다. 백성운은 거절했고, 도씨 부인은 바로 소송을 걸었다. '이미 팔았던 것을 되돌려 달라고 할 수 있나?' 하는 의문이 들겠지만, 조선 시대는 거래를 할 때 일정 기한이 끝나면 돌려받는 환퇴還退 제도가 있었고, 영원히 소유권을 남에게 넘기는 영영방매永永放賣가 있었다. 물론 이 모든 세부 사항은 계약서에 적어야만 효력이 있었다.

이 소송은 형조에까지 올라간 것으로 보아 아주 치열하게 싸운 것으로 보인다. 게다가 도씨 부인의 성미가 얼마나 대단했던지, 스스로 목을 매달고 죽어 버리겠다는 대소동을 벌이기까지 했다. 쉽게 말해 "당장 주인권을 돌려주지 않으면 콱 죽어 버리겠다!"라고 협박을 한 것이다. 이치에 맞고 아니고를 떠나서 완전 생억지를 부린 셈이었지만, 그때 도씨의 나이는 이미 70세가 넘어 있었다. 판결문을 보면 '나이 70이 넘어서…'라며 도씨 부인을 꾸짖는 말까지 있다. 아무튼 노인이 자신의 목숨을 걸고 협박해 대니, 주변 사람들은 어쩔 줄 몰라 했다. 도씨가 처음 환퇴를 성공했던 것도 이런 협박이 먹혀들어서가 아니었을까? 그리고 그 재미를 잊을 수 없어서 다시 도전했던 것이리라.

이때 소송에서 이긴 것은 백성운이었다. 도씨 부인이 툭하면 거래를 무효화하며 더 많은 돈을 챙기려 한 정황이 명백했기 때문이다. 원래대로라면 벌을 받아야 했지만, 나이가 나이인지라 도씨 부인은 특별히 용서받았다. 대신 도씨 부인은 자신이 저지른 잘못을 명시한 매매계약서를 써야 했다. '앞으로는 영원히 소송을 걸지 않겠다'는 각서까지 첨부해서 말이다.

여기에서 이야기가 끝났다면 좋았겠지만, 당연하게도 그렇지 않았다. 그렇게 나름 원만하게 정리가 되었나 했더니, 겨우 4년 만에 백성운이 덜컥 세상을 떠난 것이다. 그리고 그때까지 잘 살아 있던 도씨 부인은 남양부의 주인권을 내놓으라며 다시 한번 소송을 건다. 결국 이번에는 도씨 부인이 이겼다. 편을 들어 준 사람이 있어서였다. 매매계약서를 쓰는 것은 필집, 곧 붓을 잡은 사람인데 이는 거래의 증인이기도 했다. 도씨 부인은 앞서의 매매계약서를 썼던 필집 김진반과 서로 내통을 했고, 김진반은 도씨에게 유리한 증언을 해 주었다. 주인권을 되찾은 도씨 부인은 그것을 바로 김진반에게 팔아 더 큰 돈을 챙겼다.

꼬리가 길면 잡히는 법이고, 선을 넘으면 뒤처리가 곤란해지는 법이다. 사람이 죽었다 해도 권리가 사라진 것은 아니었으며, 백성운은 죽었지만 그의 아버지인 백세채가 아직 살아 있었다. 백세채는 "억울하게 주인권을 빼앗겼다!"며 도씨 부인과 그 일당을 형조에다가 고소하기에 이르렀고, 또 한 번 소송전이 시작되었다. 하지만 툭하면 계약을 취소하는 도씨 부인의 태도가 좋게 보일 리 없었고, 여기에 더해 거짓말까지 했다는 게 밝혀진다. 도씨 부인은 누군가 "원래 다 이렇게 한다"면서 160냥에 거래한 내역을 문서에 200냥으로 적었다고 주장했다.

말도 안 되는 변명이었다. 1783년에 작성한 매매문서가 명명백백하게 남아 있었기 때문이었다. 형조는 도씨 부인의 잘못을 조목조목 지적하고, 주인권을 백세채에게 돌려주었다. 그리고 협잡을 벌였다는 이유로 도씨 부인과 김진반 모두에게 처벌을 내렸다. 이렇게 무수한 소송을 거쳐 마침내 백씨에게 돌아가게 된 주인권은 10여 년이 지난 1802년에는 750냥의 가격으로 팔린다. 이쯤 되면 목을 매달면서 난리를 쳤던 도씨 부인의 심정이 조금은 이해가 간다. 잘했다는 것은 아니지만, 그만큼 황금알을 낳는 거위이자 중요한 돈벌이였다는 증거인 것이다. 그러니 무슨 수를 써서라도 돌려받고 싶어 했던 심정만큼은 납득이 된다.

이렇게 가격이 치솟던 여객 및 주인권은 조선왕조의 멸망과 근대화, 그리고 일제 강점기를 거치며 완전히 사라졌다. 그렇게 비싼 주인권의 가장 마지막 주인이 과연 누구였을까 궁금해지기도 하고 불쌍해지기도 하지만, 적어도 당시의 사람들이 열심히 살았던 것만큼은 틀림없었다.

도씨 부인의 소송을 비롯하여 주인권을 두고 벌어진 수많은 사연을 지금 알 수 있는 이유는 앞서 말한 《경기도장토문적》 덕분이다. 여기에는 1700년 이래 벌어졌던 모든 거래와 다툼, 소송 및 증언 문서들이 가지런히 정리되어 있기 때문이다. 이처럼 작고도 치열했던 개미들의 몸부림은 모두 역사로 남았다.

가난해서 이혼당한 남편의 위자료는 얼마?

흔히 조선을 남존여비男尊女卑의 나라라고 생각한다. 여자들은 많은 억압을 받고 오로지 남자들이 지배하던 나라였다고 말이다. 사실 틀린 말은 아니다.

이러한 나라에서 '이혼'이란 어떤 의미였을까? 유교의 경전《대대례기大戴禮記》에도 실린 이혼의 주요 사유는 칠거지악七去之惡이었다. 이는 아내를 쫓아 낼 만한 일곱 가지 나쁜 이유로, '칠출七出'이라고 줄여 말하기도 했다.

① 시부모를 잘 섬기지 못하는 것

② 아들을 낳지 못하는 것

③ 부정한 행위

④ 질투(투기)

⑤ 나쁜 병이 있음

⑥ 말이 많은 것

⑦ 물건을 훔치는 도벽

동시에 삼불거三不去가 있었다. 아내에게 칠거지악이 있어도 내쫓으면 안 되는 세 가지 이유였다.

① 내쫓아도 돌아가 의지할 곳이 없을 때

② 함께 부모의 삼년상을 치렀을 때

③ 예전에 가난했지만 혼인한 후 부자가 되었을 때

현대인이 보기에는 어느 것이나 시대에 뒤처지고 케케묵은 내용으로 보이는 것이 당연하다. 이 모든 게 수백 년, 아니 수천 년은 묵은 내용이니 말이다. 그래도 재미있는 것은 '의리'를 중요하게 여긴 것이다. 먹을 것을 살 수 없을 만큼 가난해서 술을 짜고 남은 찌꺼기인 술지게미를 먹어야 할 만큼 함께 고생한 아내, 곧 조강지처糟糠之妻를 버리면 안 된다는 규정이다. 이것은《경국대전》그러니까 법전에까지 명시되어 있었다.

과연 이 규정은 잘 지켜졌을까? 법은 분명 원칙이고 지켜져야 한다. 그러나 현대에도 암암리에 불법이 일어나는 것처럼, 현실은 권력 따라 상황 따라 이리저리 흔들렸고 그 결과도 가지각색으로 나타났다.

| 그래도 공처가들은 존재했다 |

이야기를 시작하기에 앞서 한 가지 편견을 부수고 넘어가야 할 것 같다. 조선이 남존여비의 나라이며 여자가 불리한 위치에 있었다는 것은 맞는 말이지만 절대적인 진리는 아니었다.

우선 조선에도 부인에게 꽉 잡혀 사는 공처가가 있었다. 민담이긴 하지만, 이런 이야기도 있다. 한 장군이 뜰에 붉은 깃발과 푸른 깃발을 세워 두고 휘하의 무관들을 모아 놓은 뒤 "아내를 두려워하는 자는 붉은 기 아래로 가고, 두려워하지 않는 자는 푸른 기 아래로 가라"고 명했다. 그러자 모든 무관이 붉은 기 아래로 갔는데 단 한 사람만이 푸른 기 아래로 갔다. 그 한 사람을 불러 어째서 푸른 기 아래로 갔는지 이유를 물으니, "부인이 남자들이 모이면 여색 이야기나 하니 함께 끼어 있지 말라"라고 당부를 했다고 한다.

이보다 더 무서운 아내의 이야기도 있다. 조선 시대 인조 때의 무인 우상중禹尙中은 이괄의 난 때 왕을 위해 맨몸으로 한강을 헤엄치기도 하고, 청나라와 맞서 싸우기도 한 용맹한 장수였다. 그런데 승진한 우상중이 기녀를 데리고 잔치를 벌이자, 그의 부인이 찾아와 남편의 곤장을 때리고 수염을 잘라 버렸다고 한다. 이는 그냥 '썰'이긴 했지만, 만약 사실이라면 우상중은 반란군이나 청나라 군대보다도 더 무서운 부인을 두었던 셈이다. '저런 부인이라면 이혼하면 되지 않나?'라고 생각할 수도 있겠지만, 조선 시대 양반의 이혼은 절대로 쉬운 게 아니었다.

| 가난해서 이혼당한 남편 |

의외로 들리셨지만, 여자 쪽에서 이혼을 선언하는 일도 있었다. 현재 전북대학교 박물관에서 소장하고 있는 고문서 중에 '최덕현의 수기'가 있는데, 부인이 자길 버리고 딴 남자와 혼인하게 되어 쓴 '이혼문서'이다.

이름이 밝혀지지 않은 아내는 최덕현과 결혼해서 딸 둘을 낳았는데, 갑작스럽게 이혼을 요구했다. 최덕현은 자신을 배신한 아내를 "당장이라도 칼을 들고 가 죽이고 싶지만, 앞길이 있으니 어쩔 수 없다. 35냥을 위자료로 받고 영원히 혼인 관계를 끝내고 댁宅으로 보낸다"며 글을 쓰고 서명을 한다. 정확히 말하면 아주 서툰 한글로 자기 이름 최덕현을 쓰고, 자기 손의 외곽선을 따라 손 모양을 그린 수인手印으로 서명을 대신했다.

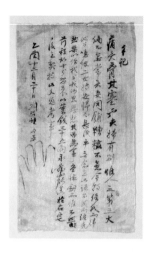

◀ 최덕현 이혼합의서
출처: 전북대학교 박물관

   이런 서툰 서명에 비하면 수기의 글씨는 시원하게 써 내린 한문이라 너무나도 어울리지 않는다. 이를 보면 아무래도 직접 수기를 쓴 사람은 교육을 많이 받고 돈도 많은 양반이고, 그렇지 못한 최덕원은 서명만 한 것이 아닐까 추측할 수 있다. 그렇다면 최덕현의 아내는 부자 양반의 첩이 되려고 남편에게 이혼을 요구한 것이 아닐까?

   아무튼 아내에게 배신당한 최덕현으로서는 피가 거꾸로 치솟을 지경이었겠지만, 아직 돌봐야 할 두 딸이 남아 있어 대신 돈을 받고 이혼을 받아들인 것이리라. 이 문서가 만들어진 을유년이 몇 년인지 분명하지 않기에 35냥의 가치가 확실하지는 않지만, 그럼에도 아주 적은 돈은 아니었다. 그 돈을 줄 수 있을 만큼 아내의 새 남편은 돈이 많았던 모양이고, 이혼 서류를 받아낼 만큼 치밀했다.

아내의 입장에서는 힘들고 가난하게 사는 것보다 부자를 만나면 조금이라도 편하게 살 수 있으니 나쁘지 않았을 것이다. 그러나 함께 가난을 겪었던 조강지부夫와 어린 딸들을 버리고 가는 것은 조금은 너무한 처사가 아니었나 싶다. 또, 그런 사정을 알면서도 아내를 빼앗아 간 새 남편도 나쁜 사람 같다. 이제 남은 것은 얇은 종이 한 장뿐이지만, 그 덕분에 아무도 모른 채 잊힐 뻔한 최덕현의 안타까운 사연이 현재까지 남게 되었다.

| 이혼하고 싶어도 할 수 없는 남자들 |

이렇게 이혼할 수 있었던 것은 양인들이나 그랬고, 양반들은 또 사정이 달랐다. 《경국대전》을 비롯한 조선의 법전에서는 이혼과 관련한 규정이 없다. "칠거지악이 있지 않느냐?" 하면 있긴 했지만, 제대로 써 먹히는 일은 없었다. 원칙적으로 조선에서는 이혼이 불법이었다. 그래서 실학자 이익李瀷은 그의 책 《성호사설星湖僿說》의 〈출처出妻〉에서 '부인에게 문제가 있어도 이혼하지 않아서 집안 꼴이 엉망이 된다'라고 비판했다. 원문을 인용하자면 다음과 같다.

아내가 비록 절패絶悖한 행실이 있더라도 출처법出妻法이 없음을 핑계하여 이혼을 허락하지 않는다. 그래서 여자의 권리가 너무 중하여 가도家道가 없어진다.

이익, 《성호사설》 중에서

뭐든 남자의 뜻대로만 굴러갔을 것 같은 조선 시대이지만, 남자도 이혼하지 못해 고통받았다는 말이다. 당시에 이혼을 하려면, 예조에 소지를 올리고 임금의 심사를 받아야 했다. 겨우 이혼 허락을 받는다고 해도 "가정을 제대로 못 다스리는 남편이 나랏일을 잘할 리 없다"며 관직에서 파면당하는 불이익이 따르곤 했다. 그래서 조선 사람들은 이혼하는 대신 분가나 별거를 했다. 흔히 '같은 하늘을 지고 살 수 없는' 불구대천不俱戴天의 원수라고 일컫는데, 부부라도 사이가 나쁘면 같은 지붕을 이고 살 수 없다는 것이다.

이는 부부 사이뿐만 아니라 시부모에게도 적용되었다. 조선 후기의 유학자 조병덕趙秉悳은 낭비벽이 있음에도 벌이가 신통치 못해서 언제나 돈에 쪼들렸다. 한편, 그의 큰며느리 임씨는 친정이 부자였고 스스로도 고리대금업을 통해 많은 돈을 벌었다. 시아버지 조병덕은 며느리의 돈을 쓰고 싶어 했지만, 임씨는 절대로 돈을 주지 않았다. 게다가 조병덕의 후처(시어머니)와 며느리 사이가 좋지 못했다.

결국 조병덕은 부인과 함께 장남의 집을 나와 따로 살게 된다.

좋게 말하자면 분가이지만, 사실상 시부모가 쫓겨난 것이나 다름 없었다. 이게 괴로웠던 조병덕은 둘째 아들에게 "대체 네 형수를 어떻게 할지 모르겠다. 왜 저러는지도 모르겠다"라고 편지를 보내 하소연했다.

과연 이 가족에게 어떤 일이 벌어졌던 것일까? 속사정이야 어찌 되었든 "가족이지만 도저히 같이 못 살겠다!"라는 공감대가 형성 될 정도로 어마어마한 싸움과 갈등이 있었을 것이다. 그러나 끝내 조병덕은 큰아들 집에 돌아가지 못했고 며느리의 돈을 얻어 내지 도 못했다. 조선 시대 양반 집안에서 며느리가 실세라는 것이 신 기할 수도 있겠지만 사실이다.

당시 남성들은 과거를 준비하느라 바빴기에 실질적인 집안의 경영자는 항상 여성이었다. 《병자일기丙子日記》나 《경술일기庚戌 日記》와 같은 안방마님들의 일기를 보면 매번 시기에 맞추어 노비 를 보내 밭을 갈고, 곡식을 거두고, 남는 곡식을 팔고, 종들이 농땡 이 피우지 않게 감시하고, 손님을 대접하는 일을 모두 여성이 맡 은 것을 알 수 있다. 여기에 염색, 기름 짜기, 고리대금업 등등의 부업을 부지런히 하며 가계를 유지했으니, 어떻게 감히 (과거에도 급제하지 못한)남편과 시아버지가 말을 얹을 수 있겠는가! 예나 지 금이나 돈이 곧 발언권이자 권력이었다.

죽어도 아니 보내 드리오리다

 오래전 한 선배 연구자가 농담처럼 "옛날 부부의 무덤 형태를 보면 살아생전 사이가 어떠했는지 대강은 알 수 있다"라고 말한 적이 있다. 금실이 좋았던 부부는 합장을 하고, 사이가 나빴던 부부는 봉분을 따로 만들기 때문이라는 것이다. 생각해 보니 세종대왕의 영릉은 합장릉이고, 아버지 태종의 헌릉은 쌍릉이니 어쩐지 설득력이 있는 듯하다. 이처럼 부부의 사이는 좋을 수도 나쁠 수도 있다. 그런데 살아서는 물론이거니와 죽어서도 부부로 지내지 못하겠다며 치열하게 이혼 소송을 벌인 사람이 있었다.

 1704년, 양반 유정기兪正基는 예조에 송사를 제기했다. 아내 신태영申泰英과 이혼하게 해 달라는 것이다. 신태영은 양반 여성이었기에 초반에는 '신씨'로만 기재되었다. 하지만 사건이 형조로 넘어가며, 신태영은 체포되어 옥에 갇히는 수모를 당하게 된다. 오히려 죄인의 신분이 되었기 때문에 그의 온전한 이름인 '태영'이 실록에 기록될 수 있었다.

 1678년, 유정기의 후처였던 신태영은 남편과 사이가 나빠지면서 10년째 별거하고 있었다. 유정기의 진술에 따르면 신태영은 남편에게 온갖 욕설을 퍼붓고, 조상님께 바치는 술에 오물을 섞었으며, 한밤중에 혼자 집을 뛰쳐나갔다. 그렇게 별거하는 중에도 집에 도박꾼들을 끌어들였고, 어느 때는 자기 집에 불을 질렀고, 불을 끄러 달려온 이웃들을 오히려 욕하고 꾸짖었다고 했다. 이 말만 들으면 정말 제정신이 아니었던 것처럼 보인다.

문제는 조선의 법전에 이혼 규정이 없다는 데 있었다. 그래도 《대명률》〈형전〉의 '처첩구부조妻妾毆夫條'에는 '지아비가 이이離異(이혼)을 원하면 들어준다'는 항목이 있었고, 유정기는 이 조항을 근거로 이혼시켜 달라고 주장했다. 그러나 그 법률의 조건은 '구부毆夫'였다. 때릴 구毆에 남편 부夫 자를 쓰니, 즉 아내가 남편을 두들겨 팼을 때 적용되는 법이었다. 남편에게 욕을 하는 것은 때리는 것보단 가벼운 죄였고, 이것만으로는 이혼 사유가 되지 않았다.

또한, 신태영은 대단히 똑똑한 여성이었다. 남편에게 쫓겨나고, 친척들이 남편의 편을 들며 자신을 비난하는 글을 올리자 감옥에 갇혀서도 자기의 입장을 차분히 진술했다. 진술한 것은 수천 언言에 달했다고 하니 참 많은 걸 이야기했던 모양이다. 게다가 신태영의 진술은 논리정연하고 조리가 있었다. 미친 여자로 취급한 유정기의 진술과 너무나도 달랐던 것이다. 이 때문에 《조선왕조실록》의 사관은 신태영의 뒤에 글솜씨 있는 관리가 있는 게 아니냐고 의심했지만, 옥에 갇혔는데 그게 가능했을까? 여성의 지성을 너무나 과소평가한 의견이었다.

하여간 신태영의 진술은 남편 유정기가 한 말과 퍽 달랐다. 원래 그는 유정기와 27년 동안 부부로 지내며 아이 다섯 명을 낳을 만큼 사이가 좋았다. 하지만 남편이 여종인 예일을 첩으로 들였고, 이후 본처인 신태영을 구박했다는 것이다. 사정을 알고 나니 '나잇값 못하고 젊은 첩을 들여 조강지처를 구박하는 남편'의 전형적인 그림이 그려진다. 이로 인해 유정기의 기존 진술들은 대폭 설득력을 잃었다. 첩을 위해 본부인을 쫓아내려고 주변 사람의 증언을 조작했을 가능성이 커졌기 때문이다. 조선은 이처럼 생각보다 법과 정의가 살아 있는 나라였다!

조선 시대였기 때문에 여자이면서 혼자 밤에 돌아다녔다는 품행 논란도 있었는데, 신태영은 전처의 아들과 여자 종 몇이 함께 있었다며 반박했고 아마도 사실이었던 듯하다. 그래서 사건을 조사하면 조사할수록 유정기 쪽의 논리가 부실한 게 드러났고, 처음에는 일방적으로 신태영에게 불리했던 정황이 뒤집어지자 여론은 이혼 찬성파와 반대파로 나뉘어 격렬하게 논쟁을 벌였다.

고작 이혼 때문에 뭘 이렇게 싸우냐는 생각도 들지만, 당시는 유교의 나라 조선이었다. 게다가 신태영은 남편과의 성생활을 낱낱이 까발렸기에(무엇을 말했는지는 실록에서 생략했지만, 당대 사람들은 전부 들었을 것이다) 그야말로 조선 사회에 충격 그 자체로 다가왔다. 그렇기에 이 사건은 왕에서부터 조정의 관리, 그리고 아마도 여염의 사람들도 한 번쯤은 입방아를 찧는 핫이슈가 될 수밖에 없었다.

이 때문에 처음은 신태영의 승리였다. 결국 이혼은 허락되지 않왔고, 신태영은 여전히 유정기의 아내로 남았다. 하지만 1712년 유정기는 또다시 왕의 어가 앞에 엎드려 청원을 올렸다. 제발 이혼시켜 달라는 애원이었다. 이쯤 되면 참 신기한 일이다. "웬만하면 네가 참고 살아라"라는 지긋지긋한 조언은 조선 시대의 남녀에게도 동등하게 적용되었다. 그래서 앞서 말한 대로 조선 사람들은 불행한 결혼 생활로 괴로워하며 별거를 할지언정 이혼은 하지 않았다.

심지어 두 번째 이혼 청원 당시 유정기는 이미 노인이었다. 그럼에도 이혼을 바란 이유가 무엇이었을까? 그렇게까지 신태영을 부인으로 두기 싫었던 걸까? 아니면 당당하게 새장가를 들고 싶어서였을까? 하지만 결송이 되기 전 유정기는 세상을 떠나고 말았는데, 원고는 죽었음에도 논의는 계속되었다.

결론부터 말하자면 유정기가 죽은 뒤에도 이혼은 허락되지 않았다. 앞서 언급한 《대명률》의 조항은 신태영에게 적용할 수 없었다. 마침내 왕은 신태영이 잘못은 했지만, 그런 이유로 이혼을 허락한다면 나쁜 선례를 만들 것이라 보았다. 이처럼 살아서 치열하게 미워하고 싫어했는데도 죽은 뒤에도 부부로 남았다니 불쌍하기도 하지만, 신태영이 미운 남편을 가장 괴롭히는 방법은 영원히 그의 아내로 남는 것이었으리라.

이 이야기에는 가장 지독한 아이러니가 있다. 사실 처음 유정기의 이혼 소송이 올라왔을 때 왕은 이혼을 허락했다. 그러나 이 결정을 되돌린 것은 당시 예조판서이던 민진후閔鎭厚였다. 아무리 신태영이 나쁜 짓을 했다고 해도 제대로 된 조사 없이 판결을 내릴 수 없으니 수사를 하자고 제안한 것이다. 그리고 결과는 완전히 뒤집혀 버렸다.

이토록 큰 역할을 했던 민진후는 바로 인현왕후의 오라비였다. 그렇다. 바로 폐비로 쫓겨났다가 복위된, 조선왕조에서 유일하게 왕비책봉식을 두 번 치렀던 인현왕후 민씨의 오빠이다.

그리고 당시 조선의 임금은 모두가 알다시피 숙종이었다. 인현왕후와 장희빈을 왕비로 책봉했다 취소했다 하면서 온 조선을 뒤집어 놓았던 바로 그 사람이다. 숙종이 만들어 낸 풍파에 비하면 신태영의 이혼 소송쯤은 아주 작고 사소했다. 사실 민진후에게 별다른 사심이 없었을 수도 있다. 어디까지나 예조판서로서의 책무를 다하기 위해, 그리고 나라의 기강을 위해 조사를 주장한 것일 수도 있다.

아무튼, 앞서 말했듯 조선은 이혼이 몹시 어려운 나라였다. 하지만 상대가 권력을 가진 왕이라면 상황이 좀 달랐다. 숙종은 인현왕후가 시집을 때 입었던 대례복을 불태우며 최악의 생일을 맞게 한 뒤 쫓아냈는데, 5년 뒤 다시 인현왕후를 불러와 왕비로 봉했다. 그 핑계는 삼불거 중 하나인 숙종의 어머니 명성왕후의 삼년상을 함께 치렀다는 것이었다. 앞서 쫓아낼 때는 이 사실이 아무힘도 발휘하지 못했다.

결국, 엄연히 법이 있어도 권력이 있는 자는 이걸 무시했고, 가진 힘과 권력이 강할수록 법을 제멋대로 쥐고 흔들었다는 것이다. 그래서 양반 여성이나 이혼당하지 않은 것이었지, 평민이나 천민 여성들의 이혼은 훨씬 쉬웠고, 더군다나 상대가 양반이라면 하루아침에 내쫓기기도 했다. 얼마나 많은 사람이 한을 품고 억울함을 외쳤을까? 비록 《춘향전》은 소설이기에 해피엔딩으로 끝났지만, 현실은 그렇지 않은 경우가 더 많았을 것이다.

역사는
재미있다,
정말로

　얄팍한 종이 한 장 안의 수많은 글씨 너머에는 사람이 있다. 그들의 삶이 있었고, 때로는 뻔뻔한 사람도, 때로는 상냥한 사람도, 때로는 모든 게 뒤죽박죽이기도 했다.

　점잔 빼고 있었을 것 같은 양반들이 자신의 재산을 되찾겠다고 눈이 벌게지는가 하면, 노비들이 양반을 상대로 싸움을 걸고 이기기도 했다. "나는 옳고 너는 틀렸다"라는 고집이 충돌하고, 말도 안 되게 염치없고 뻔뻔한 사람들과 놀라울 정도로 선량한 사람들이 얼렁뚱땅 엉켜서 살아가는 인간사의 이치가 그 안에 모두가 담겨 있었다.

　한참 고문서에 푹 빠져 읽다가 생각했다. 이렇게 재미있는 이야기를 책으로 만들면 정말 재미나겠다고. 언제나 엄숙하고 고리타분했을 것 같은 조선 사람들이지만, 그들이야말로 진정한 K-한국인의 조상으로서 어딘지 익숙하고 어딘지 그리운 일들을 벌여 왔다는 것을 알려 보고 싶었다. 무엇보다도 역사를 이야기할 때마다 어깨에 바짝 들어가는 힘을 조금은 빼고 싶기도 했다.

나름 씩씩하게 이 책을 준비하는 첫발을 내딛자마자 깨달았다. 이 바닥이 아주 아주 깊고도 넓다는 사실을 말이다. 느낌상으로는 그야말로 깊고 깊은 마리아나 해구에 발을 들인 기분이었다. 실록이나 문집들은 나름 정제된 사료였지만, 편지와 문서들은 다듬어지지 않은 것들이었기에 더욱 어지러웠다. 사건의 전모를 밝히기 위해 추적하다 보면 지금까지 남은 사료의 미비함 때문에 결말을 알 수 없게 된 일도 참 많았다.

문제는 이것만이 아니었다. 역사라는 바다의 위풍당당하고 거대한 심해어 같은 권위자분들에 비하면 조그마한 플랑크톤이나 다름없는 나는 그분들이 남긴 귀중한 자료들의 작은 조각을 주워 모으는 게 고작이었던 것이다. 아무래도 공부가 부족하다는 생각을 떨칠 수 없었다. 그러나 이 책을 계기로 알게 된 신기한 이야기며 구슬픈 사연을 혼자만 알기에는 아까웠다. 가야 할 길은 아직도 멀지만, 그래도 책을 쓰며 나부터 새로운 공부를 할 수 있어서 즐거웠다.

책을 쓰며 세상사와 인간의 본성에 대해 많은 생각을 하게 되었다. 인간은 역시 물질에서 벗어나 살 수 없는 것인지, 대체 이 욕심의 끝은 어디에 있는 것인지, 끝이 있기는 한 것인지, 피도 눈물도 없고 가족과 친구도 한낱 돈 앞에 하찮은 존재가 되고야 마는 것은 벗어날 수 없는 인간의 본성인 것인지.

아직 이 질문에 대한 해답을 완벽하게 찾지 못했다. 다만 한 가지 확실하게 알게 된 것은 있다. 조선의 백성들이 신분제와 유교의 교리에 눌려 기도 펴지 못하고 숨 한번 제대로 쉬지 못하며 눈치를 보고 살았을 것 같은 우리의 생각은 완전히 잘못된 것이라는 사실이다. 그들은 자신과 자신의 가족, 그리고 자신의 재산을 지키기 위해 두려움 없이 투쟁하고, 저항하고, 도전했다. 어쩌면 나의 소중한 것을 지키기 위해 싸우는 삶을 사는 것이 인간의 본성인 건 아닐까?

이 책은 여기에서 마무리하지만, 한정된 지면이라 미처 싣지 못했던 내용이 아직도 엄청나게 많다. 또한, 아직도 밝혀지지 않은 채 묻힌 수많은 사료와 그것을 연구하기 위해 불철주야 애쓰는 많은 연구자들께 감사를 표한다.

역사의 바다에는 아직도 우리가 보지 못한 수많은 광경이 있다. 부디 이 책을 통해 더 많은 인재가 이 분야에 뛰어들기를 바라는 작은 욕심을 품어 본다.

어디에서도 볼 수 없던 조선인의 돈을 향한 고군분투기

조선사 쩐의 전쟁

© 이한 2024

인쇄일 2023년 12월 18일
발행일 2024년 1월 2일

지은이 이한
펴낸이 유경민 노종한
책임편집 김세민
기획편집 유노책주 김세민 이지윤 **유노북스** 이현정 함초원 조혜진 **유노라이프** 박지혜 구혜진
기획마케팅 1팀 우현권 이상운 **2팀** 정세림 유현재 정혜윤 김승혜
디자인 남다희 홍진기
기획관리 차은영
펴낸곳 유노콘텐츠그룹 주식회사
법인등록번호 110111-8138128
주소 서울시 마포구 월드컵로20길 5, 4층
전화 02-323-7763 **팩스** 02-323-7764 **이메일** info@uknowbooks.com

ISBN 979-11-7183-003-9 (03910)